日本語教育に役立つ心理学入門

小林明子・福田倫子・向山陽子・鈴木伸子

くろしお出版

まえがき

　本書は日本語教育に関わる心理学的な知識を学ぶための入門書です。みなさんのなかには、この本のタイトルを見て「日本語教師に心理学の知識が必要なのだろうか」と疑問に思われた方もいらっしゃるでしょう。詳しくは本書のなかで説明しますが、実は、心理学の知識は、日本語を教えるとき、そして学習者の考え方や行動を理解したり悩みの相談に乗ったりするときにも役立ちます。それにもかかわらず、このような知識は、これまでの日本語教員養成科目では周辺的に扱われていたり、さまざまな分野の講義において、ばらばらに教えられていたりしたのではないでしょうか。心理学的な観点からの日本語教育研究の歴史は比較的浅いため、これまでこの分野にかかわる基礎知識を一冊にまとめた本は十分になかったように思います。そこで、日本語教育に関わる心理的な基礎知識を一冊で学べるテキストはないだろうかと考え、執筆したのが本書です。

　本書を執筆するうえで目標としたことが3点あります。第一に、「初学者にわかりやすい本」にするということです。目安としては、初めて日本語教育を学ぶ学部生が読んでも理解できるものを目指しました。第二に「日本語教師に役立つ知識」を中心とすることとしました。そのため、理論や調査結果の紹介だけでなく、本書で紹介した知識が教育現場でどのように応用できるのか、できる限り教育実践例や事例などを盛り込みながら執筆しました。第三に、大学などで日本語教育を学ぶ学生のための講義で教科書としても使っていただける構成としました。大学での講義を想定した場合、1セメスター（15回）で読み通せる1冊になることを意識しました。そのために、単に知識を整理するだけではなく、タスクや話し合いなどのアクティビティを盛り込むことで、読者の興味を高めたり、自分の経験を振り返ってもらったりすることを目指しました。各章の詳しい構成や本書の使い方については、次項の「本書の使い

方と留意点」を参照してください。

　本書は大きく三部構成となっており、「第一部　日本語教育と心理学」「第二部 学習するときの心理」「第三部　異文化を理解するときの心理」に分かれています。「第一部　日本語教育と心理学」では、その後の第二部、第三部に続くイントロダクションとして、日本語教育と心理学の関わりについて説明しています。「第二部 学習するときの心理」では、第二言語の学習・習得にかかわる心理的側面を扱っています。「第三部　異文化を理解するときの心理」では、異文化接触や異文化間コミュニケーションにかかわる心理を取り上げています。本書では、上記のように日本語教育に関連する心理学分野を扱いましたが、取り上げた内容がこれらの分野のすべてを網羅できているわけではありません。何をどの程度取り上げるかという点には、著者たちの専門が反映されています。また、初学者向けの入門書を目指したため、わかりやすさを優先し、基礎的な概念や理論のみに絞って執筆しました。より専門的に学びたいと考える方々には、本書の読書案内で紹介した書籍や映像資料をもとにさらに学びを深めていただきたいと思います。

　最後に、本書の執筆にあたっては多くの方からご助力いただきました。また、企画の段階から本書の完成に至るまで、くろしお出版の池上達昭氏に大変お世話になりました。このような企画を実現する機会を与えてくださった池上氏にこの場をかりて、心よりお礼を申し上げたいと思います。

2017 年 11 月
執筆者一同

本書の使い方と留意点

　本書をよりよく理解し、活用していただけるよう、本書を読まれる前に本書の使い方およびいくつかの用語について説明します。

1．本書の使い方

　本書は 3 部 12 章で構成されており、すべての章で次のような統一的な学習のステップが用意されています。

(1)　プレタスク

　　読者が当該分野について既に知っていることを確認したり、当該分野に興味を持ってもらったりすることを目的として、話し合いのトピックや統計データ等を提示しています。第 5 章の解答は巻末にあります。

(2)　これまでに明らかになっていることの紹介

　　当該分野に関してこれまでに明らかになっていることをまとめています。基本的な概念や専門用語、「これだけは」理解してほしい内容です。

(3)　確認問題

　　本文中に出てきた基礎的な概念、用語、内容等を確認するためのクイズ、小テストとしてお使いください。解答例は巻末にあります。

(4)　ポストタスク

　　本文中で学んだ知識を使って読者自身の体験を心理学的な視点・観点から分析し、理解をより深めてもらうことを目的としています。

(5)　さらに知りたい人のための読書案内

　　本文を読んで得た知識をふまえ、さらに学びを発展させる際に読んでほしい文献や映像資料を紹介しています。

2. 用語の説明

本書でよく使用される用語の意味は以下のとおりです。

・「母語（mother tongue）」と「第一言語（first language）」

どちらも生まれてから最初に習得した言語を指します。本書では厳密な区別はしていません。

・「第二言語（second language）」と「外国語（foreign language）」

どちらも「母語（または第一言語）」以外に習得しつつある（習得している）言語という意味で用います。本書では厳密な区別はしていません。そのため、その言語が生活をするための言語かそうでないかということや、何番目に習得した言語か、などによる区別もしません。ただし、「第5章　外国語習得に関係する認知能力」においてのみ、「第二言語習得環境」と「外国語環境」を区別し、意味が異なりますのでご注意ください。

目　次

まえがき iii

本書の使い方と留意点 v

第一部　日本語教育と心理学

第1章　日本語教育と心理学の関わり 3
　　　　―心理学が日本語教育に役立つの？―

1. はじめに　3
2. 学習するときの心理　4
3. 異文化を理解するときの心理　8
4. おわりに　12

第二部　学習するときの心理

第2章　記憶 19
　　　　―記憶って覚えることだけなの？―

1. はじめに　19
2. 記憶の過程　20
3. 記憶するための方略　22
4. 言語学習とワーキングメモリ　25
5. 長期記憶の種類　30
6. おわりに　32

第3章　単語の認知 35
　　　　―どうやって単語の意味を理解しているの？―

1. はじめに　35
2. 頭の中の辞書　36

viii

3. 単語を認知する過程　41

4. おわりに　48

第4章　文章の理解 51
──文章を「理解する」ってどういうこと？──

1. はじめに　51

2. 「文章を理解する」とはどのようなことか　52

3. 文章の理解に関わること　53

4. 文章理解の三つのレベル　57

5. 文章理解における推論の役割　59

6. 聞いた文章を理解する過程　61

7. おわりに　64

第5章　外国語習得に関係する認知能力 67
──外国語学習が得意な人と苦手な人は何が違うの？──

1. はじめに　68

2. 初期の言語適性研究：適性テストの開発　69

3. 第二言語習得プロセスの概要　72

4. 第二言語習得における言語適性の役割に関する理論　73

5. おわりに　80

第6章　言語適性と指導方法の適合 85
──自分の能力や好みに合った指導だと学習の効果が上がるの？──

1. はじめに　85

2. 適性処遇交互作用　86

3. さまざまな指導方法　88

4. 指導方法と言語適性の関係に関する理論　92

5. 言語適性によって異なる指導効果　94

6. おわりに　97

目　次　ix

第7章　ビリーフ 101
― どんな勉強をしたら外国語が上手になると思う？ ―

1. はじめに　101
2. 学習者のビリーフと学習ストラテジー　102
3. 学習者が持つビリーフ　104
4. 教師が持つビリーフ　105
5. ビリーフの相違に対する対処　108
6. おわりに　113

第8章　動機づけ 117
― どうして日本語を勉強しているの？ ―

1. はじめに　118
2. 統合的動機づけと道具的動機づけ　118
3. 内発的動機づけと外発的動機づけ　121
4. 第二言語の理想自己　123
5. 教室における動機づけ　125
6. おわりに　128

第9章　第二言語不安 133
― 外国語で話すのってこわくない？ ―

1. はじめに　133
2. 第二言語コミュニケーションと情意要因　134
3. 第二言語不安研究のはじまり　136
4. 第二言語不安を引き起こす要因　137
5. 日本語不安に関する研究　140
6. 第二言語不安とコミュニケーション意欲　142
7. おわりに　144

x

第三部　異文化を理解するときの心理

第10章　人の移動と異文化適応..151
—海外旅行でご飯とみそ汁がほしくなるのはなぜ？—

1. 人びとの移動と異文化適応　151
2. 異文化適応のプロセス　152
3. 移動する人びとと多文化社会　154

第11章　文化的差異と異文化コミュニケーション 171
—言いたいことが外国人にうまく伝わらないのはなぜ？—

1. 異文化コミュニケーションに現れる
   さまざまな文化的差異　171
2. 言語によるコミュニケーションと文化的差異　171
3. 非言語メッセージを用いたコミュニケーションと
   文化的差異　181
4. コミュニケーションの基本モデルと異文化接触　185

第12章　異文化摩擦を緩和する異文化トレーニング 189
—初対面でも出身地を聞くとすぐにイメージが浮かぶのはなぜ？—

1. 異文化摩擦を引き起こすもの　189
2. 異文化摩擦を緩和するために　193
3. 多角的な視点を獲得するために　196

索　引 207
各章の確認問題・第5章のプレタスクの解答 211

第一部　日本語教育と心理学

第1章

日本語教育と心理学の関わり

心理学が日本語教育に役立つの？

■プレタスク1

日本語教師に必要な基礎知識には、どのようなものがあると思いますか。考えたことを話し合ってみましょう。

■プレタスク2

この本のタイトルは『日本語教育に役立つ心理学入門』ですが、「心理学」と聞くと何をイメージしますか。心理学はどのようなことを研究して、何に役立つ学問なのでしょうか。考えたことやイメージしたことを話し合ってみましょう。

1. はじめに

プレタスク1では、日本語教師に必要な基礎知識について話してもらいました。みなさんは、どのような知識が必要だと考えましたか。たとえば、ある人は、日本語の文法や語彙に関する知識が重要だと答えるかもしれません。また、ある人は、色々な外国語の教え方を知っていることが大切だと答えるかもしれません。このように日本語教師に求められる基礎知識は幅広いものですが、そのなかの一つに心理学に関する知識があります。

ただ、そう言われても「心理学と日本語教育に何か関係があるんだろ

うか？」と疑問に思う人もいることでしょう。みなさんのなかには「心理学」と聞くと、自分の性格や職業の適性を知るための心理テストを想像する人もいるかもしれません。または、人間関係を良くするコツや職場のストレスを和らげるヒントをもらえるものだという印象を抱いている人もいることでしょう。確かに心理学という学問がカバーする範囲は、恋愛や労働、教育、人間関係など幅広いものです。ただし、本書のなかではそのすべてを扱っているわけではありません。『日本語教育に役立つ心理学入門』というタイトルが示すとおり、本書が対象としているのは、日本語教師が授業をしたり、学習者と接したりする際に必要となる心理学の知識です。みなさんは、意識していないかもしれませんが、実は、心理学の知識は、日本語を教えたり、学習者の相談に乗ったりといった教師の仕事全般に関わるものなのです。

　本書では、日本語教師に必要な心理学の知識を「第二部　学習するときの心理」（第 2 章〜第 9 章）と「第三部　異文化を理解するときの心理」（第 10 章〜第 12 章）に分けてまとめました。まず、本書のイントロダクションとなるこの第 1 章では心理学と日本語教育の関連を簡単に説明し、日本語教師になぜ心理学の知識が必要なのかを考えていきたいと思います。

2.　学習するときの心理

　本書の第 2 章〜第 9 章では、「学習するときの心理」と題して、第二言語の学習・習得に関わる心理学的知識を紹介しています。これまでみなさんが受けてきた外国語の授業を思い出してみてください。授業では、たとえば、文を翻訳する、文型をリピートする、ペアで会話するなど、色々な活動があったと思います。いったい、なぜ、このようにさまざまな教え方や活動方法が存在するのでしょうか。実は、これまで外国語教育の歴史のなかでは、数多くの外国語の教え方（外国語教授法）が開発されてきました。そして、それぞれの教授法において、外国語の「学習」をどのようなものと捉えるかが異なっており、その定義の在り

方によって、教室活動のやり方や教師が教室で果たす役割も違うのです。

　外国語教育における「学習」の捉え方に影響を与えたものの一つに心理学があります。ここでは、すべての外国語教授法について取り上げることはできませんが、これまでの外国語教授法の歴史を簡単に振り返りながら、教授法と心理学の関わりについて見てみたいと思います。

■外国語教授法と心理学

　第二次世界大戦後、広く普及し、現在でも多くの外国語の授業にその手法が取り入れられているものとして、**オーディオ・リンガル・アプローチ**（audio-lingual approach）という教授法があります。みなさんは、教師のモデル発話や CD の音声をまねて何度もリピートしたり、教師が見せるカードを見てすばやく文型を言ったりするなどの活動を経験したことがあるのではないでしょうか。一つの文型や表現を完璧に再現できるようになるまで何度もドリルを繰り返す練習は、特に初級の外国語の授業では、現在でもよく取り入れられていますが、この活動は、オーディオ・リンガル・アプローチから生まれたものです。

　この教授法を支える基本的な考え方は、「言語を習得することは新しい習慣を形成することである」というものです。このように学習を捉える背景の一つとして、**行動主義心理学**（behavioristic psychology）の考え方があります[1]。行動主義心理学では、「刺激」と「反応」の繰り返しが習慣を形成すると考えます。これを授業に応用すると、教室では、教師の指示（刺激）に応えて、学習者がリピートしたり例文を作ったりなどして行動（反応）します。そしてそれがうまくできたときには、教師の褒めことばや学習者自身の満足などが行動を強化し、学習が促進されます。

　行動主義心理学の習慣形成の考え方を背景とした授業活動は、文型の

---

[1]　ここでは詳細を省きますが、行動主義心理学に加えて、構造主義言語学という言語学理論もオーディオ・リンガル・アプローチの理論的基盤となりました。

6 第1章 日本語教育と心理学の関わり

定着や基本的な発音を学ぶうえで役立つものでした。ただ、その一方で活動が教師主導で、学習者の自発的な思考や発話が重視されていないという批判もありました。そのようななかで、1960年代になると、実践的なコミュニケーション能力や学習者の自主性を重視する**コミュニカティブ・アプローチ**（communicative approach）という教授法が台頭してきました。そして、その動きと前後して、学習者の頭や心のなかで何が起こっているのかに関する研究が盛んとなっていったのです。そのような研究のなかには、学習者の第二言語の発達プロセスを明らかにしようとする**第二言語習得**（second language acquisition）研究[2]や、頭の中で起こる情報処理のしくみに注目した**認知心理学**（cognitive psychology）による研究がありました。

　たとえば、認知心理学による研究成果はみなさんが受けてきた外国語の授業にも応用されています。外国語の授業で、教科書の本文を読む前に、テーマについて話したり、関連する写真や絵を見たりすることがあります。このような活動は何のために行うのでしょうか。人は文章を読む際に、単に単語や文法の知識に頼って読んでいるのではなく、過去の経験や文章の内容に関する背景知識、文章構造に関する知識などを使いながら読んでいます。本を読む際に、これらの記憶や知識が活性化されることにより、内容や文章の展開を予測しながら読むことが可能になります[3]。「刺激」と「反応」という目に見えるものだけに着目した行動主義心理学とは異なり、認知心理学では、言語処理の過程において学習者の頭の中で起こることに注目したのです。

　ところで、近年、外国語の授業活動のなかで、従来は一人ですることが多かった作文や読解をペアやグループでする様子が見られるようになりました。このような授業活動は、なぜ生まれてきたのでしょうか。その理論的根拠となるのがヴィゴツキーという研究者による発達心理学に基づいた研究です。ヴィゴツキーは、子どもの言語や認知は、親などの

2　第二言語習得については、第5章を参照してください。

3　記憶については第2章、文章理解については第4章を参照してください。

2.　学習するときの心理　　7

身近な大人との相互行為のなかで発達するものだと考えました。子どもの能力には、一人では問題解決が無理でも、周囲の助けがあれば解決ができる範囲があります。ヴィゴツキーは、助けがあれば問題解決が可能になる範囲を**最近接発達領域**（ZPD：Zone of Proximal Development）と呼びました。この理論は、もともとは、子どもの発達に関するものでしたが、この考え方が言語教育に応用され、熟達者が初心者の学習を手助けする際に使われるようになり、さらに、同じ言語レベルの学習者同士でも可能と考えられるようになりました。そして生まれたのが**協働学習**（collaborative learning）なのです[4]。協働学習では、一緒に学習する仲間同士が相互に支援しあうことを通じて、新たな知識や価値観、人間関係などを学んでいきます[5]。

　ここまで紹介してきたのは、数多くある教授法の一部ですが、背景となる心理学理論によって、授業活動に違いが生まれることがわかると思います。「学習」をどのように定義するのかによって、どのような授業方法、活動が有効なのかについての考え方も異なります。みなさんが日本語の授業をするうえでは、具体的な指導スキルを学ぶことに加えて、その背景となる心理学理論を知ることで、より深く教授法についての理解を深めることができるでしょう。

■教授法と学習者の個人差

　ところで、多くの教育現場では、どれか一つの教授法ではなく、複数の教授法を折衷的に用いたり、学習者に応じて教え方を変えたりしています。これは、一つの教授法がすべての学習者に効果的に働くとは限らないためです。外国語学習は、どのような教え方をするかという教授法の面だけではなく、学習者の母語や学習環境からも影響を受けます。たとえば、ほとんど日本人と会うことがない国や地域で日本語を学ぶ学習者と、日々、日本人と話す機会がある学習者では、学習環境が全く異な

4　池田・舘岡（2007）

5　協働学習については、第12章を参照してください。

8 第1章 日本語教育と心理学の関わり

り、上達の程度に差が出る可能性があります。しかし、たとえ、母語や
環境が同じで、同じ教室で同じように指導を受けていたとしても、学習
者の特性によって指導の効果の現れ方が異なることがわかっています。
それは、学習者には**個人差**（individual differences）というものが存在
するためです。個人差には、年齢、言語適性、ビリーフ、動機づけ、第
二言語不安、性格などが含まれます。

　このような学習者の個人差については、これまで第二言語習得研究の
分野で調査されてきました。前述したように第二言語習得研究は、学習
者の第二言語の発達プロセスを解明することを主要な研究課題としてい
ます。それに加えて、学習者によって習得の最終的な到達度に相違が生
じるのはなぜかという点についても研究が行われてきたのです。これま
での研究からは、学習者の個人差に応じてどのような指導や配慮が求め
られるのかについての教育的示唆が数多く得られています[6]。同じ教室で
学ぶ学習者の日本語力になぜ違いが生まれるのかを知っておくことは、
教師が自分の指導方法を見直し、改良を加えていくうえで重要なことだ
と考えられます。教師には多様な教授法を理解し、学習者の個人差に目
を配りながら、柔軟に教え方を組み合わせていくことが求められます
が、そのためにも個人差研究の成果は役立つ情報となるといえるでしょ
う。

3.　異文化を理解するときの心理

　本書の第10章〜第12章では、「異文化を理解するときの心理」とし
て、異文化理解に関わる心理学的知識をまとめました。学習者が直面す
る問題には、言語の問題のみならず、文化、習慣の違いや日本の社会制
度などによって起こるものもあります。いくら日本語が上手でも、日本
人の友人や近隣住民との付き合い方に悩んだり、職場での働き方や雇用
制度に戸惑ったりする外国人は数多くいます。また、日本語教師自身も

6　言語適性は第5章・6章、ビリーフは第7章、動機づけは第8章、第二言語不安は第
9章を参照してください。

3. 異文化を理解するときの心理　9

教室で、また地域住民の一人として、教育的背景や文化の異なる人びと
と接して、考え方や行動の違いに驚いたり不安を覚えたりすることがあ
ります。そのようなとき、教師に異文化接触にかかわる問題の背景や原
因を推測するだけの知識があれば、適切な対策を考えるための手助けと
なるでしょう。

■グローバル化と異文化接触の増加

　日本に滞在する外国人数は、2017 年には 240 万人を超え、過去最高
を更新しています[7]。これは、出入国管理及び難民認定法[8]が改正施行さ
れた 1990 年の約 108 万人と比べて、約 2 倍の数です。また、この間、
日本語学習者の増加と多様化が進み、新たなニーズに対応した日本語教
育の展開が求められるとともに、日本語教師に求められる役割や活動の
場も広がってきたと考えられます。

　2015 年に行われた文化庁の調査によれば、国内の日本語学習者は約
19 万人います[9]。ただ、「日本語学習者」とひとくちに言っても、大学や
日本語学校で学んでいる留学生もいれば、仕事で日本に滞在しているビ
ジネスパーソン、国際結婚をして日本に住んでいる人やその家族などさ
まざまな人びとがいます。日本で働く人びとを例にとれば、人口減少が
進む日本では、もともと国策として外国人労働者の受け入れを行ってき
ました。たとえば、1990 年に出入国管理及び難民認定法の改正が施行
されたことにより、日系ブラジル人や日系ペルー人の人びとは定住者の
在留資格での就労が可能になり、それに同伴する家族、子どもも増加し
ました。さらに、2008 年からは、東南アジアの国々からの外国人看護
師・介護福祉士候補者の受け入れが始まっています[10]。このような人び

7　法務省（2017）

8　これにより日系 2 世の配偶者やその子（日系 3 世）に「定住者」としての在留資格が
与えられるようになりました。

9　文化庁文化部国語課（2015）

10　厚生労働省（2016）

10　第1章　日本語教育と心理学の関わり

とを対象としたビジネス日本語や看護・介護のための日本語、地域住民のための日本語、児童・生徒のための教科学習の支援など多様な日本語教育の展開が求められています。

　さらにいえば、多様化しているのは、教える内容や教え方のみではありません。異なる文化、習慣や考え方を持つ学習者が増加するにつれ、教師が直面する異文化摩擦の問題や葛藤も拡大していくことが予想されます。

■異文化接触に伴うトラブル

　みなさんは旅行や留学などで海外を訪問した際、自分と異なる習慣や文化に触れて驚いた経験はないでしょうか。たとえば、海外でホームステイをした経験がある人ならば、あいさつや食事の習慣、家族の愛情表現のしかたなどが日本と異なっていて戸惑ったこともあるかもしれません。しかし、驚いたり違和感を覚えたりしたのは最初だけで、時間が経つにつれて、徐々にそれに慣れて受け入れていったのではないでしょうか。このように、新しい土地や集団で異なる文化になじんでいくプロセスを「**異文化適応**（intercultural adaptation）」といいます[11]。その一方で、なかなか新しい文化・習慣や考え方になじむことができない人もいます。そのような場合、不安や不満を感じたり、ストレスが高まったりして、最終的には心身に不調をきたす不適応の状態に陥る場合もあります。

　ここでは留学生を例に、どのような不適応が起こるのか考えてみます。留学生は、日本人学生と同様の問題（勉学の成就や青年期の発達課題）に加えて、留学生特有の問題を抱えていると言われています。それは、日本語の習得、日本文化・社会への適応、そして経済的自立といったものです[12]。最近は、アジア圏全体の経済力が高まり、経済的にあまり問題のない留学生も増えましたが、日本語の習得、日本文化・社会へ

11　異文化適応については、第10章を参照してください。

12　横田・白土（2004）

3. 異文化を理解するときの心理　　11

の適応は、依然として大きな問題と考えられます。特に日本文化・社会
への適応については、日本人との人間関係形成の難しさがあることが指
摘されています。たとえば、日本人学生とつきあううえで留学生が戸惑
うこととして、相手の感情や機嫌を損ねないために直接的な表現を避け
ること、相手の意図を察しないと思いやりがないと思われることなどが
あります[13]。このような問題は、異なる文化的背景を持つ人間同士のコ
ミュニケーション方法の違いから生まれるものと考えられます。日本に
住む外国人にとって、日本人との異文化コミュニケーション[14]は、大き
な課題となっているのです。

　教師として、新しく海外から来日した人びとと接するときには、彼ら
の抱えている異文化適応の困難点を理解し、それを踏まえた支援を行う
ことが必要です。異文化適応にはいくつかの段階があり、その段階に
よって経験する精神状態も異なっています。異文化適応の一般的プロセ
スやそこで起こる困難を知っておくことは、生活や学習上のアドバイス
をするうえでの理論的根拠として、有益な知識となるといえるでしょ
う。

　また、学習者だけではなく日本語教師も異文化接触による摩擦やトラ
ブルを経験することがあります。たとえば、海外で働く日本語教師の場
合、日本人がマジョリティ（多数派）である日本国内と違い、マイノリ
ティ（少数派）としての生活を送ることになります。日本では当たり前
と思ってきた生活習慣、周囲の人との付き合い方、仕事上の慣習なども
これまでとは異なるかもしれません。自分がマイノリティとなる経験に
よって、教師自身も不適応を経験することが考えられます。

　さらに、文化が異なる相手と接する際には、最初から偏った見方をし
ていないか、という点にも注意しておく必要があります。みなさんは、
特定の国や文化、宗教を持つ人びとと接する際に、「○○人はこのよう
な人たちだ、このような考え方の人たちだ」といったイメージをあらか

13　田中（2000）
14　異文化コミュニケーションについては、第 11 章を参照してください。

12 第1章 日本語教育と心理学の関わり

じめ持ってはいないでしょうか。このように、特定の集団に対する固定化されたイメージを「**ステレオタイプ（stereotype）**」と呼びます[15]。自分ではあまり意識していなくても、テレビやインターネットなどメディアの影響を受けて、知らず知らずのうちにステレオタイプ的な見方をしてしまっている場合もあります。日本語教師として、初めて接する国や文化の人たちを教室に受け入れるとき、これまで行ったことがない国に赴任するとき、最初から学習者に対して特定のイメージを抱いていないか、振り返ってみる必要があります。

異文化に触れるということは、私たちの視野を広げ、新たな経験を積む成長のチャンスであるとともに、文化摩擦や葛藤を生み、最悪の場合、トラブルに巻き込まれたりするリスクを伴うことでもあります。異文化接触による困難を経験した場合、教師は自分が置かれた立場を客観的に見て解決策を探る必要があります。異文化理解にかかわる心理を理解することは、異文化社会で暮らす学習者を理解し、支援するために必要な知識であると同時に、教師自身が不適応に陥らないためにも重要な知識であるといえるでしょう。

4. おわりに

第1章では、日本語教育と心理学の関わりを簡単に説明しました。ここまでで日本語教師の仕事のさまざまな側面に心理学がかかわっていることを理解していただけたでしょうか。近年、日本語教育では、学習心理学・教育心理学・認知心理学・発達心理学・異文化間心理学といった心理学分野で蓄積されてきた知見を応用した独自の研究が増えつつあります。私たちは日頃意識していなかったとしても、心理学の恩恵にあずかっていますし、これからこの分野の知識を深めることは、みなさんが日本語教師として働く際に大きく役立つことと思います。

第2章以降では、本章で概要を述べたことについて具体的な研究例や

15　ステレオタイプについては、第12章を参照してください。

確認問題・ポストタスク・読書案内・参考文献　　13

教育実践例を挙げながら、詳細に説明をしていきたいと思います。

■確認問題

　以下の文章の空欄（ア）〜（エ）に適当なキーワードを書きましょう。

　心理学の知識は、日本語教師が授業をするときや学習者と接する際に役立ちます。日本語教師は授業をするために、外国語教授法の知識を学びますが、教授法の中には心理学の理論に基づいているものもあります。たとえば、読解や聴解のタスクの前に、トピックについて話したり関連する語彙を復習したりすることがあります。このような活動は、（ア）学の研究成果に基づくもので、学習者の記憶や経験、知識を活性化することによって、内容を理解しやすくしているのです。教授法の背景にある心理学理論を知ることは、教授法に対する理解を深めることにつながると考えられます。また、学習者には、言語適性、ビリーフ、動機づけ、第二言語不安などの（イ）が存在します。教師には多様な教授法を理解し、学習者の（イ）に配慮しながら、それらを組み合わせていくことが求められます。

　ところで、学習者のなかには、日本の生活習慣や文化になじめず、ストレスから心身に不調をきたす人もいます。そのようなとき、教師がトラブルの原因や背景を理解するための知識を持っていれば、適切なアドバイスをしたり相談にのったりすることもできます。学習者の（ウ）のプロセスを理解することによって、適切な時期に必要な支援を準備することができる可能性があるといえるでしょう。また、教師自身も（エ）など、特定の国や文化に対する固定化したイメージを抱いて学習者に接していないかどうか、振り返ってみる必要があります。

■ポストタスク１

　あなたがこれまで受けてきた外国語の授業を思い出してください。これまで体験してきた授業活動には、どのようなものがありましたか。そのなかで、本文中に出てきた外国語教授法や心理学理論の影響を受けた

14 第1章 日本語教育と心理学の関わり

と思われる活動はあったでしょうか。考えてみましょう。

■ポストタスク2

あなたの住んでいる町には、外国人住民は何人ぐらいいますか。また彼らの出身国、言語、宗教、文化、日本滞在理由などはどのようなものでしょうか。彼らを支援するための行政の施策にはどのようなものがあるのか、外国人住民向けの日本語教室はあるのかなどを調べてみましょう。

■さらに知りたい人のための読書案内

①荒川洋平 (2016)『日本語教育のスタートライン―本気で日本語教師を目指す人のための入門書―』スリーエーネットワーク.
　☞初学者向けの入門書です。第3部では、日本語教育能力検定試験に出題される「言語と心理」分野を取り上げ、言語理解の過程や言語習得・発達、異文化理解と心理について解説しています。

②佐々木泰子 (編)(2007)『ベーシック日本語教育』ひつじ書房.
　☞日本語教師に必要とされる基礎知識がまとめられています。日本語教育能力検定試験で出題される範囲が広くカバーされており、試験勉強のための一冊として使うこともできます。

③高見澤孟 (監修)(2016)『新・はじめての日本語教育1[増補改訂版]日本語教育の基礎知識』アスク出版.
　☞初学者向けに基礎知識がわかりやすく解説されています。続刊の『新・はじめての日本語教育2[増補改訂版]日本語教授法入門』では、さまざまな外国語教授法について知ることができます。

■参考文献・資料

池田玲子・舘岡洋子 (2007)『ピア・ラーニング入門―創造的な学びのデザインの

ために―』ひつじ書房.

厚生労働省 (2016)「インドネシア、フィリピン及びベトナムからの外国人看護師・介護福祉士候補者の受入れについて」http://www.mhlw.go.jp/stf/seisakunitsuite/bunya/koyou_roudou/koyou/gaikokujin/other22/index.html (2017 年 5 月 1 日閲覧)

田中共子 (2000)『留学生のソーシャル・ネットワークとソーシャル・スキル』ナカニシヤ出版.

文化庁文化部国語課 (2015)「平成 27 年度国内の日本語教育の概要」http://www.bunka.go.jp/tokei_hakusho_shuppan/tokeichosa/nihongokyoiku_jittai/h27/pdf/h27_zenbun.pdf (2017 年 5 月 1 日閲覧)

法務省 (2017)「平成 29 年 6 月末現在における在外外国人数について（確定値）」http://www.moj.go.jp/nyuukokukanri/kouhou/nyuukokukanri04_00068.html (2017 年 10 月 15 日閲覧)

横田雅弘・白土悟 (2004)『留学生アドバイジング―学習・生活・心理をいかに支援するか―』ナカニシヤ出版.

第二部　学習するときの心理

第2章

記憶

記憶って覚えることだけなの？

■プレタスク1
　「記憶」という言葉から何を連想しますか。日常生活、学校生活など
さまざまな場面を思い浮かべて考えてみてください。

■プレタスク2
　テストのためにたくさん覚えなければならないことがある場合、どの
ようにして覚えていますか（覚えてきましたか）。効果的だった方法、
効果的でなかった方法について、周りの人と話してみましょう。

1.　はじめに
　「記憶」という言葉からどのようなことをイメージしますか。単語や
歴史の年号などの暗記、円周率を何万桁も言える人、小さい頃に親戚の
家に遊びに行った思い出などさまざまでしょう。しかし、心理学の研究
分野における「記憶」は、みなさんが持っているイメージとは少し違う
かもしれません。第2章では、心理学における記憶とはどのようなもの
か、言語学習や言語教育、そして日常の言語使用にどのように関わって
いるのか、などを見ていきます。

2. 記憶の過程
■記憶の流れ

　一般的には「記憶」＝「覚えていること」と解釈されていると思います。しかし心理学の研究分野においては、覚えていることだけを指すのではなく、目や耳から入ってくるさまざまな種類の情報が、頭に入ってから出ていくまでの流れの全体を指します。記憶の流れは、図2-1のように三つの段階に分けられます。たとえば、コンビニに買い物に行こうとしたときに、家族から「ついでにプリンを買ってきて」と言われたとします。そうすると、いま聞いた「プリン」という音の情報から、プリンのイメージや、デザートの一種であるという知識を用いて頭の中で保存しやすい形式に変換します。この段階を「**符号化** (encoding)」と呼びます。次に、その符号化した情報を頭の中にしまっておく段階を「**貯蔵**（storage）」と呼びます。そしてコンビニに到着したら、貯蔵しておいた「プリン」を探して取り出します。これを「**検索**（retrieval）」と呼びます。

図2-1　記憶の流れ

■短期記憶と長期記憶

　初対面の人の名前を聞いたとき、はじめは覚えていたのに少し時間が経つと「あれ、さっき聞いたばかりなのに。何ていう名前だったかな」と思い出せないことがあります。一方で、何年も会っていない小学校時代の友達の名前を瞬時に思い出すこともあります。これは、短い時間しか情報を貯蔵できない記憶のメカニズム（仕組み）や、長い時間であっても貯蔵できる記憶のメカニズムがあるからです。

　貯蔵される時間の長さによって、記憶は3種類に分けられます。記憶

の種類と情報の流れを表したのが図2-2です。目に映る周囲の風景、耳に入ってくる音、いま座っている椅子の感触など、みなさんの五感を通して外界から入ってくる視覚的な情報、聴覚的な情報、触覚的な情報などは、符号化されずにそのままの形で感覚登録器に入ります。感覚登録器に入った情報を「**感覚記憶**（sensory memory）」と呼びます。そのほとんどは1秒以内〜数秒の非常に短い時間で消えてしまいます。

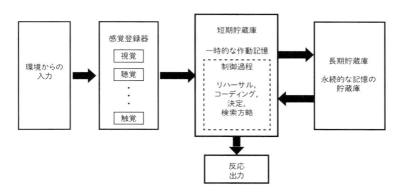

図2-2 記憶の種類と情報の流れ[1]

　そして、感覚登録器にある感覚記憶の中で「これは何だろう」と注意を向けた情報だけが短期貯蔵庫に転送され、「**短期記憶**（short-term memory）」として貯蔵されます。短期貯蔵庫は貯蔵できる量と時間に限界があり、何もしなければ記憶は数十秒で消えてしまいます。しかし、口に出して言ったり頭の中で復唱したりすることで、短期貯蔵庫の中に短い時間留められます。また、その情報は既有知識とつながることによって、長期貯蔵庫へ転送される可能性が高まります。
　長期貯蔵庫に転送された情報は、「**長期記憶**（long-term memory）」

---

[1] Atkinson & Shiffrin（1971）を改変。本書では、ことわりのある場合をのぞき、図表の翻訳は筆者によるものです。

22　第 2 章　記憶

として半永久的に貯蔵されます[2]。また、長期貯蔵庫は、貯蔵できる量に限界がないとされています。

　さらに図 2-2 をよく見ると、短期貯蔵庫と長期貯蔵庫のあいだには短期から長期へ向かう矢印だけでなく、長期から短期へ向かう矢印もあり、情報の流れが双方向であることが示されています。つまり、長期貯蔵庫に貯蔵された記憶は必要に応じて検索されて短期貯蔵庫に転送され、取り出すことができるのです。

　この流れを日本語授業の場面に当てはめてみましょう。授業中、学習者には、教室の外から聞こえる車の音、エアコンの音などと一緒に、自分がいる教室で話す先生の日本語の音が聞こえます。その中で、学習者が注意を向けた先生の話す言葉（たとえば、新しく導入された単語）だけが短期貯蔵庫へ転送され、そして転送された言葉は口頭や頭の中で復唱されることによって、消えることなく短期貯蔵庫に貯蔵されます。短期貯蔵庫に貯蔵されているあいだに、学習者の既有知識と関係づけられると、単語は長期貯蔵庫に転送されます。その後、学習者が練習問題などをするときに、その単語が長期貯蔵庫から短期貯蔵庫に取り出されて使用されます。

3.　記憶するための方略
■情報が長期貯蔵庫に転送される可能性を高める

　短期貯蔵庫から長期貯蔵庫に情報を転送する、つまり忘れないようにするためには、口頭や頭の中で復唱するとよいと前述しました。このように、繰り返しその情報を意識することを「**リハーサル** (rehearsal)」と呼びます。それでは、どのようなリハーサルでもよく覚えられるのでしょうか。

　リハーサルには二つの種類があります。「**維持リハーサル** (maintenance rehearsal)」と「**精緻化リハーサル** (elaborative rehearsal)」で

2　長期間使われない記憶は消えてしまうこともある、という説もあります。

す。単純に文字や音の情報を繰り返すリハーサルを維持リハーサルといいます（例：「さかな、さかな、さかな、さかな…」）。これは情報を一時的に短期貯蔵庫に貯蔵し、忘れないようにするためのリハーサルだと考えられています。みなさんも、辞書で英単語の意味を調べようとして綴りを一時的に覚えたりするときに使っているのではないでしょうか。一方、既有知識やイメージと関連させるようなリハーサルが、精緻化リハーサルです（例：「《さかな》は海や川にいる」「私は《さかな》が大好きだ」「《さかな》＝ 」など）。このような意味や概念に関わるリハーサルを行うと、情報が長期貯蔵庫に転送される可能性が高くなります。

　維持リハーサルと精緻化リハーサルでは、どうしてこのような違いが生じるのでしょうか。人が情報を覚えるときには、その際に行う情報処理の仕方によって、覚えられるときも覚えられないときもあります。その情報処理の仕方を、処理が浅いか深いかという観点でみた場合、形態の処理、音韻の処理、意味の処理の順に深くなり、よく覚えられるという説があります[3]（図2-3参照）。

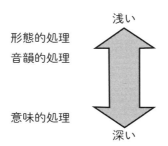

図2-3　処理の種類と深さの関係のイメージ

書かれている文字の色や大きさや形などの形態的処理、音節の数や含まれている音の種類などの音韻的処理は「浅い」処理です。そして、単語

3　Craik & Lockhart (1972)

が持つ意味に関わる意味的処理は「深い」処理と位置付けられています。意味に関わる深い処理が行われることで、情報が頭の中によく残るのです[4]。たとえば、「さくら」という単語の場合、形態的処理では「『さくら』というひらがなで書かれている」という処理、音韻的処理では「『さ』『く』『ら』という三つの音でできている」という処理、意味的処理では「春に咲くピンク色の花」という処理が行われます。「さくら」という単語を見て「春に咲くピンク色の花」という処理まで行われると、よく覚えられるといえます。

■短期記憶を整理する

　長期貯蔵庫には容量の限界がないといわれていますが、前述のように短期貯蔵庫の容量には限界があります。この限られた容量を有効に活用する方法として「**チャンキング** (chunking)」があります。チャンキングは、複数の情報を個別に扱うのではなく、意味のあるかたまりに分類し、まとめることです。たとえば、「ひるごはん」という単語を学習するとき、ひらがなの読み方を学んだだけで「昼ご飯」の意味を知らない日本語学習者にとって、これは「ひ」「る」「ご」「は」「ん」という五つの音が集まったものでしかありません。しかし、「ひ」と「る」が「昼」という一つの単語であり、「ご」と「は」と「ん」が「ご飯」という一つの単語であることがわかれば、「昼」と「ご飯」の二つのチャンク（かたまり）になります。さらに「お昼の時間帯にとる食事」という意味を持った「昼ご飯」という一つの単語になることがわかれば、もともと五つだった情報が一つのチャンクになります。そうすると、貯蔵庫の中が整理されて空きができ、さらに多くの情報を短期貯蔵庫に貯蔵できるようになります。つまり、一度にたくさんの情報が記憶できるわけです。なお、成人の母語話者の短期記憶の量は、7±2チャンクとされています[5]。したがって、記憶する項目が7±2を超える場合、チャンキングを

4　Craik & Tulving (1975)

5　Miller (1956)

行って短期記憶の量を超えないようにすると、一度に覚えられる範囲内に収められます。

4. 言語学習とワーキングメモリ
■ワーキングメモリとは

　2節では、情報が短期貯蔵庫に短時間貯蔵され、さらに長期貯蔵庫に転送された場合は半永久的に貯蔵される、そして必要に応じて取り出される、と述べました。このことから、「記憶」の機能として、貯蔵された情報をしまい込む、時々取り出すという、比較的シンプルなものをイメージする人が多いかもしれません。しかし、授業を受けたり、友達と会話をしたりするときに、情報をしまい込んだり、取り出したりするだけでは十分ではありません。たとえば、先生の話を理解するときには、それまでに聞いた話の内容を記憶に留めながら、いま聞いた情報の意味を調べるために頭の中で知識を探します。そして、適切な知識が見つかると取り出して、留めてあった情報と合わせて全体を統合して理解する、という処理を行っています。

　このように、授業を聞くなどの日常的な活動を説明するためには、情報を一時的に保持しながら処理を行う作業場があると考えたほうが良さそうだという主張が出てきました[6]。こうして提唱されたのが、「**ワーキングメモリ**（working memory）」[7]という概念です。

■ワーキングメモリの構造と容量の測定

　ワーキングメモリは、短期記憶の概念を発展させたもので、複数の異なる性質を持ったサブシステムから構成された、一つのまとまった記憶のシステムである、と想定されています（図2-4参照）。ワーキングメモリの特徴は、情報を一時的に保持しつつ、理解や産出などの処理も並

6　Baddeley & Hitch（1974）

7　「作動記憶」、「作業記憶」とも呼ばれます。

行して行うことができる、という点です[8]。ワーキングメモリは、学習などの複雑な認知活動に関わることが、多くの研究から明らかにされています。ここでは、機能に関する研究が進んでいる、「音韻ループ」と「視空間スケッチパッド」を中心に説明します。

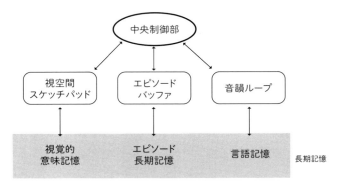

図 2-4　ワーキングメモリのモデル[9]

　音声や文字で表された言語的情報を一時的に保持するのが、「**音韻ループ**（phonological loop）」です。音韻ループは、さらに「音韻ストア」と「構音コントロール」の二つの過程に分けられます。音韻ストアの過程では、受動的貯蔵機能によって情報が一時的に貯蔵されますが、何もせずに貯蔵された状態のままでは、数秒で情報が消えてしまいます。構音コントロール過程では、能動的保持機能によって、音韻ストアの過程で消えそうになっている情報がリハーサルされて再び活性化され、より長い時間保持されるようにします。一方、言語化できない視覚的情報や空間的情報を一時的に保持するのは「**視空間スケッチパッド**（visuo-spatial sketch pad）」です。視空間スケッチパッドもさらに、「視覚キャッシュ」と「内的描写」の二つの過程に分けられます。視覚キャッシュの過程では、受動的貯蔵機能によって情報が一時的に貯蔵さ

8　Baddeley（1986）
9　Baddeley（2000）を改変

れます。内的描写の過程では、能動的保持機能によって、情報がより長い時間保持されるようにします。そして、それぞれ独立して機能している音韻ループ、視空間スケッチパッドの働きを含め、ワーキングメモリ全体をコントロールする制御システムが「**中央制御部**（central executive）」です。

表 2-1　短期記憶とワーキングメモリの比較

	短期記憶	ワーキングメモリ
情報を保持する時間	短い	短い
機　　能	情報の貯蔵（保持）のみ	情報の保持（貯蔵）　＋　処理
イメージ	一つの箱	複数の概念から構成されたシステム

　ワーキングメモリと短期記憶の、情報を保持する時間、機能、イメージを比較すると、表 2-1 のようになるでしょう。いずれも情報を保持する時間は短く、数十秒程度とされています。短期記憶は、貯蔵する機能のみが取り上げられ、イメージは一つの箱です。一方、ワーキングメモリは、情報の保持だけでなく、理解や思考、推論、計算のような処理も並行して行うという機能が特徴であり、図 2-4 のように複数のシステムから構成されていると考えられています。

■ワーキングメモリの容量の測定

　ワーキングメモリで情報の保持や処理が遂行されるときには、「**処理資源**（processing resources）」というエネルギーのようなものが必要だとされています。そして、情報の保持と処理が効率よく行われ、ワーキングメモリの処理資源を最大限に有効活用した場合に処理できる情報量を、「ワーキングメモリ容量」と呼びます。ワーキングメモリ容量には限界があるため、保持と処理のあいだには「**トレードオフ**（trade-off）」

28　第2章　記憶

の関係がみられます。トレードオフとは、処理資源が保持と処理のどちらか一方に多く配分されると、他方に配分される資源が少なくなる状態を指します。また、ワーキングメモリ容量には個人差があり、その個人差は認知的な制約に関わっています。つまり、容量が大きい人は課題の成績が良く、容量が小さい人は課題の成績が良くない場合が多いのです。容量が大きければ、課題を遂行するときに、情報の処理と保持の両方に十分な処理資源を配分することができます。一方、容量が小さければ、特に課題が難しい場合や多い場合に、処理資源の配分が適切にできなくなり、課題の遂行に時間がかかったり間違えたりします。

　ワーキングメモリ容量は、情報の処理と保持を同時に行うテスト[10]によって測定することができます。言語に関わるワーキングメモリ容量を測定するとき、テストの参加者は、短い文の意味を理解しながら文中で指定された一つの単語を覚えておきます。問題文が視覚的に提示されるテスト（**リーディングスパンテスト**（reading span test））と、聴覚的に提示されるテスト（**リスニングスパンテスト**（listening span test））があり、日本語学習者用のテストも開発されています。

　たとえば、日本語学習者用のリスニングスパンテストの測定方法は次の通りです。文が二つの場合を取り上げます[11]。

(1)　　子どもは大人よりも若い。
(2)　　財布はお菓子を入れるためのものである。

　(1) の文を聞いて、文頭の単語「子ども」を覚えておくと同時に内容が一般的な事実として正しいかどうかの真偽判断をします。単語を覚えておくことが保持で、真偽判断が処理に当たります。次に (2) の文を聞いて、「財布」を覚えておくと同時に文の内容の真偽判断をします。二つの文を聞き終わったら、提示された順番通り、つまり (1)、(2) の順

10　Daneman & Carpenter (1980)
11　松見・福田・古本・邱 (2009)

4. 言語学習とワーキングメモリ　29

に覚えた単語を解答用紙に書きます。同一文で保持していた単語と真偽
判断の両方が正解であれば、この文に正解したことになります。得点が
高いほどワーキングメモリ容量が大きいことを示します。

■母語と外国語の理解におけるワーキングメモリの関わり

　言語の理解や産出などの処理にはワーキングメモリが関わっているこ
とがわかっていますが、母語と外国語の処理において何か違いがあるの
でしょうか。

　授業で先生の話を聞く場合には、単語や文構造の分析（言語処理）は
もちろん必要ですが、さらに、理解した内容や先生の表情などさまざま
な情報から、「先生が本当に言いたいことは何なのか」「先生の話を聞い
て私はこれから何をすればいいのか」などを考える（思考）必要もある
でしょう。それでは、言語処理のような低次の処理と、思考のような高
次の処理を同時に行わなければならないときにどのようなことが起こる
のでしょうか。

　母語と外国語の使用に関する違いとして、言語処理の経験が多いか少
ないかという点が挙げられるでしょう。言語処理の経験が多いと、その
処理にあまり注意を向けたり意識したりしなくてもできるようになりま
す。これを「**自動化**（automatization）」といいます。ここでワーキング
メモリの処理資源のことを思い出してください。母語のように言語処理
に慣れていて自動化が進んでいると、処理に必要な処理資源はごく少量
で済みます。一方、外国語では、特に習熟度が低い場合には、言語処理
の経験が少ないため自動化が進んでおらず、注意や意識を向けて処理が
行われることになり、多くの処理資源を必要とします。正しい言語処理
ができていなければ適切で十分な思考もできないため、言語処理と思考
のいずれかを選ばなければならないときには、言語処理が優先されま
す。こうして言語処理に多くの処理資源が使われると、思考に使える処
理資源が少ししか残らず、十分な思考ができなくなります。

　以上をイメージ化したのが図 2-5 です。母語を使用して言語処理（低

次の処理) と思考や推論 (高次の処理) を同時に行う場合には、低次の処理に割かれる処理資源が少なく、余った資源を高次の処理にまわすことができます。しかし、外国語の場合には、低次の処理に割かれる処理資源が多いため、高次の処理にまわせる処理資源が少なく、十分な思考ができなくなる[12]と考えられます。そうすると、学習者が外国語を使用するときに、思考力が低いと判断されてしまう可能性があります。外国語を使用する際に、ワーキングメモリの処理資源を効率良く配分するためには、低次の処理を自動化させることが鍵になるといえるでしょう。

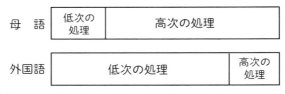

図2-5　母語と第二言語の認知資源配分のイメージ図

5. 長期記憶の種類
■言葉にできる記憶とできない記憶

　ここまで短期記憶や、短期記憶の概念を発展させたワーキングメモリについて説明してきました。本節では、大量の情報を半永久的に貯蔵できるとされる長期記憶について述べます。長期記憶にはさまざまな記憶が収められていて、図2-6のように分類されます。それぞれの記憶について留学生の友達の質問に答えるという場面を想定して考えてみましょう。たとえば、留学生の友達からあなたに電話が掛かってきて、「けん玉ってどんなおもちゃか教えて」と頼まれたらどのように説明しますか。また「けん玉のやり方がわからないから教えて」と聞かれたらどうでしょうか。

12　高野 (2002) は、この現象を「外国語副作用」と呼んでいます。

長期記憶は、まずは言葉で説明できるかどうかによって、二つに分けられます。先ほどの「けん玉はどのようなおもちゃか」のような言葉で説明できる記憶は「**宣言的記憶**（declarative memory）」と呼ばれ、事実や物事の概念に関連したものです。一方、「けん玉はどうやって遊ぶのか」を言葉だけで的確に説明するのはとても難しいでしょう。このような言葉で説明しにくい記憶は「**手続き的記憶**（procedural memory）」と呼ばれ、体が覚えている技能のようなものです。自動車の運転やギターの弾き方なども含まれます。そして、宣言的記憶は、さらに「**意味記憶**（semantic memory）」と「**エピソード記憶**（episodic memory）」に分類されます。意味記憶は辞書のように事実や概念、一般的な知識に関わる記憶で、けん玉の例であれば「日本の伝統的なおもちゃの一種であり、丸い玉と十字の形をした玉を載せる器具からできている」といった内容の記憶です。エピソード記憶は、日記のように個人の経験に基づく記憶で「先週の日曜日にけん玉の地区大会に出場した」といったものです（図2-6参照）。

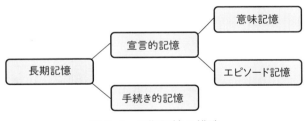

図2-6　長期記憶の構造

■**外国語の学習と長期記憶**

手続き的記憶は、言葉での説明が難しく、体が覚えている技能のようなものだと述べました。長期記憶の中にあるかどうかが意識されず、思い出そうと意識しなくても行動できるという特徴も持っています。自動車の運転をしていて道を曲がるときに、「私はハンドルの回し方を知っているから、いまから思い出そう」と考えなくても体が動いていると

32 第 2 章 記憶

いった例が挙げられます。一方の宣言的記憶は、長期記憶の中にあるかどうかが意識され、検索するときにも「思い出す」という意識を伴います。

母語のように常に場面とともに用いられ、無意識に習得し、使用する際にも特に意識されない知識は手続き的記憶に含まれると考えられます。一方、意識的に学習され、使用する際にも意識的である場合に用いられる知識は宣言的記憶に含まれると考えられます。

日本語の学習においては、助詞の使い方が難しいとよく指摘されます。特に、「は」と「が」の使い分けが難しいという声を学習者から聞きます。日本語を母語とする人は、話したり書いたりするときに、ほとんど意識することなく「は」と「が」を使い分けていると思います。これは手続き的記憶を使って産出していると考えられます。一方、学習者は、日本語の教科書や先生から受けた使い分けの説明を思い出して、「こういう場合は『は』を使った方がいいだろう」と考えて話したり書いたりすることが多いと思います。これは宣言的記憶を使って産出していると考えられます。

6. おわりに

本章では、記憶という複雑なシステムについて、いくつかの観点から説明しました。まず、「記憶」とは、情報を覚えるだけではなく、覚えた情報を貯蔵し、検索するまでの一連の過程であることを述べました。次に、情報が保持される時間の長さによって感覚記憶、短期記憶と長期記憶に分けられることや、長期記憶に情報を転送するためのさまざまな操作について述べました。次に、短期記憶を発展させた概念としてワーキングメモリを紹介し、最後に長期記憶の分類とそれぞれの機能について述べました。

記憶は学習、理解、思考などさまざまな認知活動の基盤となるもので、言語を用いた活動を行うときには、記憶が非常に重要になることを理解してもらえたのではないでしょうか。

確認問題・ポストタスク・読書案内・参考文献　　33

■確認問題
次の質問に答えてください。
(1) 口頭や頭の中で覚えたい言葉を復唱することを何と言いますか。
(2) 情報を処理するとき、処理の深さが浅いものから深いものへ順番に
並べてください。　　[意味的処理・形態的処理・音韻的処理]
(3) 次のa、b、cは何という記憶に分類されますか。
　　　a　「先週の土曜日、大好きな歌手のコンサートを見に行った。」
　　　b　「地球は一年で太陽の周りを一周する。」
　　　c　スキップの仕方
(4) 短期記憶とワーキングメモリの違いを説明してみましょう。

■ポストタスク1
あなたが日本語教師であれば（または日本語教師になったら）、学習者に単語を覚えてほしいときにどのような練習方法を使いますか。それはなぜですか。「リハーサル」など、本文中の用語をできるだけ使って答えましょう。

■ポストタスク2
ワーキングメモリの処理資源の配分が原因で、外国語の理解がうまくいかなかった経験はありませんか。周りの人と話し合ってみましょう。

■さらに知りたい人のための読書案内
①苧阪満里子（2002）『脳のメモ帳ワーキングメモリ』新曜社.
　☞「ワーキングメモリ」という概念の誕生からその後の変遷までが記述され、さまざまな学習者を対象とした実験結果、脳機能との関係など、ワーキングメモリの全容が理解できる一冊です。比較的平易な文で書かれているので入門者にお勧めです。

②縫部義憲（監修）・迫田久美子（編）（2006）『講座・日本語教育学

第3巻 言語学習の心理』スリーエーネットワーク.
☞日本語を学習する時の心理についてまとめられています。第3章
には短期記憶、作動記憶、長期記憶について、実験結果も含めて
より理論的な解説がなされています。

■参考文献

高野陽太郎（2002）「外国語を使うとき—思考力の一時的な低下—」海保博之・柏崎秀子（編）『日本語教育のための心理学』(pp. 15-28) 新曜社.

松見法男・福田倫子・古本裕美・邱兪瑗（2009）「日本語学習者用リスニングスパンテストの開発—台湾人日本語学習者を対象とした信頼性と妥当性の検討—」『日本語教育』141, 68-78.

Atkinson, R. C., & Shiffrin, R. M. (1971). The control of short-term memory. *Scientific American, 225*, 82-90.

Baddeley, A. D. (1986). *Working memory*. Oxford: Oxford University Press.

Baddeley, A. D. (2000). The episodic buffer: A new component of working memory? *Trends in Cognitive Sciences, 4*, 417-423.

Baddeley, A. D., & Hitch, G. J. (1974). Working memory. In G. A. Bower (Ed.), *Recent advances in learning and motivation* (Vol. 8, pp. 47-90). New York: Academic Press.

Craik, F. I. M., & Lockhart, R. S. (1972). Levels of processing: A framework for memory research. *Journal of Verbal Learning and Verbal behavior, 11*, 671-684.

Craik, F. I. M., & Tulving, E. (1975). Depth of processing and the retention of words in episodic memory. *Journal of Experimental Psychology: General, 104*, 268-294.

Daneman, M., & Carpenter, P. A. (1980). Individual differences in working memory and reading. *Journal of Verbal Learning and Verbal Behavior, 19*, 450-466.

Miller, G. A. (1956). The magical number seven, plus or minus two: Some limits on our capacity for processing information. *Psychological Review, 63*, 81-97.

第3章

単語の認知

どうやって単語の意味を理解しているの？

■プレタスク1

　「テーブル」と聞いたら何を思い浮かべますか。頭に浮かんだ単語を三つ書いてください。名詞、動詞、形容詞など品詞は何でもかまいません。

■プレタスク2

　次の文を、声を出さずにできるだけ速く読んでください。意味も理解しながら読んでください。

We have 50,000 people in our city.

質問　"50,000" の部分をどのように読んでいましたか。
　（1）fifty thousand
　（2）五万（ごまん）
　（3）特に意識していなかった

1.　はじめに

　みなさんはいま、この本を読んでいますが、そのうち、日本語を母語とする人は、それほど大変だと思わずに読んでいるのではないでしょう

36 第3章 単語の認知

か。それは、子どもの時から日本語の文や文章をたくさん読んできて、日本語の文を理解する作業に慣れているからだと思います。「この漢字はこうやって読んで、この平仮名はこういう音で、この単語はこういう意味で、だから文全体ではこういう意味だろう」と意識して読んでいるわけではないでしょう。それでは、私たちはどうやって本を読んだり、人の話を聞いて理解したりしているのでしょうか。第3章と第4章では言語を理解する過程について見ていきます。まず第3章では、より小さな単位である単語の理解について考えます。

2. 頭の中の辞書

みなさんは、英語などの外国語を、どのような方法で勉強してきましたか。ほとんどの人が単語を覚えるために、繰り返し書いたり読んだり、単語カードを作ったりしたことがあると思います。そうやって覚えた単語は、頭の中でどのようにして保存されているのでしょうか。認知心理学の研究分野では、頭の中（長期記憶の中）に辞書のようなものがあって、そこに単語が蓄えられていると考えられています。この辞書のようなものを**心内辞書（心的辞書、メンタルレキシコン（mental lexicon））** と呼びます。言語を理解したり産出したりするときには、この辞書に収められている単語の数が多ければ多いほどよいと考えられますが、どのくらいの量が収められているのでしょうか。成人の母語話者の語彙数は約5万語と推定されています[1]（ここでの「語彙」とは、一人ひとりの頭の中にある単語の集まりを指します）。みなさん自身が経験してきたように、母語を習得する際には、子どもの時から徐々に単語が蓄積されて増えていきます。一方、外国語の場合はどうでしょうか。日本語を母語としない人を対象とした日本語力の測定テストに「日本語能力試験」があります。2009年まで実施されていた旧日本語能力試験では、表3-1のような基準を設けていました[2]。

1　エイチソン（2010）

2　2010年に始まった新日本語能力試験では、公式の出題基準は公開されていません。

表 3-1　旧日本語能力試験出題基準（語彙）

	語彙数[3]	級の認定基準（抜粋）[4]
1 級	10,000 語	社会生活をする上で必要な、総合的な日本語能力
2 級	6,000 語	一般的なことがらについて、会話ができ、読み書きできる能力
3 級	1,500 語	日常生活に役立つ会話ができ、簡単な文章が読み書きできる能力
4 級	800 語	簡単な会話ができ、平易な文、又は短い文章が読み書きできる能力

　この表を見ると、学習者は「社会生活をする上で必要な、総合的な日本語能力」を身につけるために、少なくとも1万語の語彙が必要だということがわかります。ただ、1万語といっても、母語話者が成人になるまでに心内辞書に蓄積するといわれる5万語には遠く及びません。このように、語彙の習得一つとっても、外国語学習の難しさが窺えます。

■語彙に関する知識の広さと深さ

　英語など外国語の授業では、単語テストに悩まされた人も多いのではないでしょうか。どうしてこんなに単語をたくさん覚えなければならないのか、と外国語学習が嫌になった人もいるかもしれません。しかし、知っている単語の総数を外国語の習熟度の目安とすることには、多くの人が賛成すると思います。なぜなら、知っている単語が多ければ多いほど言語を理解したり産出したりしやすくなるからです。

　ところで、「単語を知っている」とはどのような状態を指すのでしょうか。前述のように量に注目した「たくさん知っている」ことの他に、「よく知っている」という面も挙げられます。言い換えれば、語彙の量に注目した「広さ」と、ある単語についてどのくらい知っているかとい

3　国際交流基金（2002）

4　「日本語能力試験　JLPT」http://www.jlpt.jp/about/comparison01.pdf

う「深さ」の二つの側面があります。広さは、中心となる意味を知っている単語が心内辞書にいくつあるかを指し、深さは、中心的な意味だけでなく複数の意味をどれだけ知っているか、統語的特徴はどのようなものか、などの知識を指します[5]。

　語彙習得の研究分野において、ネーションという研究者は、語彙知識の深さは、「形 (form)」「意味 (meaning)」「使用 (use)」の三つの要素から構成されると主張しました[6]。「形」の知識は、発音、語の形、綴り、語の構成要素などに関わります。「意味」の知識は、語の意味や概念、その語から連想される語、などに関わります。「使用」の知識は、その語が使われる文型、連語、使用される状況、などに関わります。教師は、日本語学習者に対して形・意味・使用の三つの側面のすべてを教える必要があります。

　ここでは語彙の広さと深さについて別々に説明しましたが、実際には両者を明確に分けるのは簡単ではありません。堀場裕紀江ら[7]は、語彙の広さと深さの両側面は、密接に結びついて発達するため、区別するのは容易ではないと述べています。より多くの語を知っていれば関連する新しい語を習得しやすく、また、ある語について多くのことを知っていれば新しい知識を習得しやすいからです。

■心内辞書の中での単語の状態

　心内辞書の中には、みなさんが覚えた語が収められていると説明しましたが、それらはどのような状態で収められているのでしょうか。適当にバラバラに置かれているのか、それとも五十音順やアルファベット順に並んでいるのでしょうか。また、管理者が最新の情報を掲載しているインターネットのサイトのように常に更新されているのでしょうか。それとも、発行されて何年も経った紙の辞書のように最新の流行語は含ま

5　Nation（2001）

6　Nation（2001）

7　堀場・松本・鈴木（2006）

れていないのでしょうか。エイチソン[8]は、心内辞書の特性として次の3点を挙げています。

(1) 辞書のようにアルファベット順に並んでいるわけではない。
(2) 心内辞書の内容は、固定的ではなく、常に新しい言葉を追加し、すでに持っている言葉の発音や意味を変更している。
(3) 私たちは言葉の意味について、辞書に書かれているよりももっと細かい知識を持っている。

　つまり、心内辞書は紙の辞書よりも柔軟で、みなさんの言語経験によって変化し続けているといえます。
　心内辞書の単語の一つひとつは「語彙項目」と呼ばれ、それぞれの語彙項目には単語の形態、音韻、意味、統語などの情報が含まれています。形態情報はどのような形の文字で表記されているか、音韻情報は単語を発音したときにどのような音で表されるか、意味情報は単語の意味、統語情報はどのような文法的特徴を持っているか、をそれぞれ指します。

■語の意味的なつながり

　みなさんは、あるテーマを決めて、そのテーマに沿った答えを順番に言っていくというゲーム（古今東西、山手線ゲームなどと呼ばれています）をしたことがありますか。自分が答えを言うときに、前の人の言ったことが頭に残っていて、似たような意味を持つ言葉を答えたことがある人もいるでしょう（「動物」というテーマで、前の人が「アシカ」と答えた後、「象」や「うさぎ」ではなく「オットセイ」が思い浮かぶ、など）。これは、語と語がバラバラに置かれているのではなく、意味的に関連がある語が結びついたネットワーク構造であることが影響してい

8　エイチソン (2011)

ます。このように、各語の意味をつないだものを「**意味ネットワーク** (semantic network)」といいます。

　語と語の結びつきは、語の意味的な関連が強ければ強いほど密接になります。さらに、このネットワーク構造では、ある語を理解しようとしてその語が意識にのぼり、利用可能な状態になると（「活性化」といいます）、その語と意味的に関連があって結びついている語にも活性が拡散するとされています。たとえば、図 3-1 の「りんご」が活性化すると「赤」「さくらんぼ」「梨」なども活性化すると考えられます。しかし、結びつきがない場合や、結びつきが間接的である場合には、その語にまで活性が拡散しないこともあります。

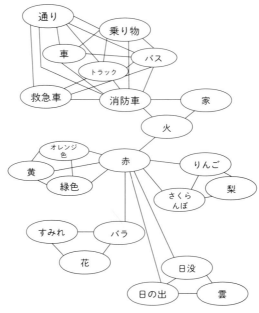

図 3-1　意味ネットワーク[9]

9　Collins & Loftus (1975, p. 412)

■パラディグマティックな関係・シンタグマティックな関係

　心内辞書の中では語彙項目がネットワーク構造でつながっていること
を説明しましたが、その意味的なつながり方は一つだけではありませ
ん。プレタスク１で「テーブル」という語を聞いたときの連想で、テー
ブルと一緒に使うものといえば「椅子」だと考えた人もいれば、食事の
場面から「食べる」という語を思い浮かべた人もいるでしょう。「テー
ブル」と「椅子」、「暗い」と「明るい」、「送る」と「届ける」のよう
に、関連語、反意語、同義語などの関係は、**パラディグマティック**
（paradigmatic：並行的）な関係と呼ばれます。一方、「テーブルで食
事をする」のように一般的な文法規則に従って同時に用いられる（共起
する）語と語の結びつきをコロケーション（連語）といいますが、この
ような関係を**「シンタグマティック（syntagmatic：統合的）」**な関係と
呼びます。他にも「暗い」と「夜」、「送る」と「手紙」などの例があり
ます。心内辞書の中にはどちらのネットワークも存在しますが、子ども
の語彙項目のネットワークはシンタグマティックな連想を生み出す傾向
が強く、一方、成人のネットワークではパラディグマティックな連想を
生み出す傾向が強いことが明らかになっています。これらのことから、
言語の発達において、シンタグマティックな関係のネットワークの方
が、パラディグマティックな関係よりも先に構築されると推測されてい
ます[10]。外国語学習においても、先にシンタグマティックな関係が構築
され、語彙量が増えるにつれてパラディグマティックな関係が構築され
るのではないか、との説もあります[11]。

3.　単語を認知する過程

　ここまで、単語が頭の中でどのような状態なのか、語と語がどのよう
につながっているのか、などについて見てきました。本を読んだり友達
の話を聞いたりしているとき、私たちは語に関するこれらの情報を、ど

10　エイチソン（2010）
11　門田（2003）

42 第3章 単語の認知

のように利用して言葉を理解しているのでしょうか。

　たとえば、よく使われる日本語の初級教科書の中に次のような文が出てきます。「いすの下に猫がいます」[12]。この文を読んで「猫」という語を認知する過程をみます。まず、目に入って来た「猫」という文字がどのような線の集まりなのかを感覚的に分析し、「猫」という字の形や[neko]という発音であること、動物の一種であるという情報などを取り出します。そしてそれに該当する語を心内辞書で探し、そこに蓄えられている「猫」という文字の形（形態情報）、[neko]という音（音韻情報）、動物の一種で比較的小さく、毛が生えていて目が大きく「ニャー」と鳴く、といった概念（意味情報）を持っている語彙項目を探し出します。ここまでが「単語認知」の過程です。「単語を認知する」とは、心内辞書に蓄えられている膨大な単語情報を有効に利用して、それがある特定の単語であるとわかる過程です。言い換えると、心内辞書の中にある5万語の中の1語を探し当てることなのです[13]。

　ただ、これだけでは、認知した単語が文脈の中で適切なものなのかどうかが決定できません。阿部純一らは、単語認知過程の後に、「猫」は椅子の下にいても矛盾のないものか、など文全体の解釈に無理がないかどうかの確認（文脈との照合）を行う「単語認知後過程」を設定しています[14]。このときに「くも」のような同音異義語や、「けっこう」のような多義語（「良い」と「不要」）の場合には、そのときに選択した意味が適切かどうかなども検証します。このような、一連の単語認知過程を図式化したものが図3-2です（阿部らは、心内辞書を検索する前の作業を「辞書（アクセス）"前"過程」、単語認知が終了した後の作業を「辞書（アクセス）"後"過程」と呼んでいます）。「いすの下に猫がいます」という文中の、「猫」という語の認知過程を細かい段階に分けて説明しましたが、実際にはこれらの作業はごく短時間のうちに行われます。

12　『みんなの日本語』初級I　第10課（p. 89）

13　阿部・桃内・金子・李（1994）

14　阿部・桃内・金子・李（1994）

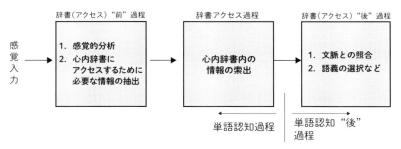

図 3-2　単語認知とその前後の過程 [15]

　ある単語を理解しようとして、その語が意識にのぼり利用可能な状態になることを活性化と呼ぶと前述しましたが、意識にのぼる機会が多いほど活性化が素早く起こり、認知が速く行われることもわかっています。つまり、何度も読んだり聞いたりした経験を持つ単語は速く認知できるのです。このため、その単語が使われている文章を読んだり聞いたりするような練習を重ねることは、意味があるといえます。

■話し言葉と書き言葉は同じように認知されるのか
　「読む」技能と「聞く」技能は、理解する技能という点が共通しています。それでは、読む時と聞く時の単語認知の仕方も同じなのでしょうか。
　図 3-3 を見てください。書かれた単語を理解する場合には、「猫」の例で述べたように、まず文字の視覚的特徴を処理します。次に一つ上の文字レベルで文字の候補が残り、さらに候補となった文字が適切に配置されている単語が候補となり、認知に至ります。一方、話された単語を聞いて理解する場合には、誰かの話した言葉が耳から入ると音響的（聴覚的）特徴を処理します。次に、それらの特徴を持つ音素を候補とします。その特徴を持たない音素は、候補から外れます。さらに、候補となった音素が適切に配置されている単語が候補となり、認知に至りま

15　阿部・桃内・金子・李（1995, p. 29）を一部改変

す。そして配置が適切でない単語は候補から外れます。このように、書かれた単語と話された単語の認知過程では、単語レベルの前の段階では異なる処理が行われていますが、単語レベルに至ると、そこから先は共通の処理過程をたどることがわかります。

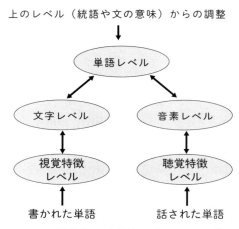

図 3-3　視覚的・聴覚的な単語の認知 [16]

■母語と外国語の単語の翻訳

みなさんは、外国語の課題で、単語を母語から外国語に訳す場合と、外国語から母語に訳す場合、どちらが難しいと感じますか（たとえば日本語から英語、英語から日本語の翻訳など）。おそらく外国語から母語への翻訳の方が易しく、母語から外国語への翻訳の方が難しいと感じる人が多いと思います。外国語を学ぶと、母語の単語と外国語の単語、両方が頭の中に存在することになります。これらの関係については、母語と外国語の語彙は独立していて概念は共通している状態、というのがこれまでの研究における共通見解です。

16　McClleland & Rumelhart (1981, p. 378) を一部改変

このことについて検討した、クロルとスチュワートのモデル（図 3-4）を見てください。三つの箱はそれぞれ母語（第一言語）の語彙、外国語（第二言語）の語彙、概念を表しています。

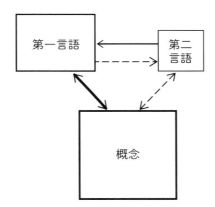

図 3-4　第一言語と第二言語の語彙と概念[17]

　まず、三つの箱を見ると、第一言語の箱は第二言語よりも大きく、概念の箱は第一言語よりも大きく描かれています。これは、みなさんが持っている語彙量は第二言語よりも第一言語のほうが多く、第一言語よりも概念の方が多いことを示しています。概念の箱が最も大きいことについては、概念としては理解していても言語化できないもの（食パンの袋を留めてあるプラスチックの留め具など、よく見かける身近な物でも名前を知らないものがあると思います）があることからもわかるでしょう。

　次に、線を見てみましょう。箱のあいだをつなぐ線は、つながりの強さや方向を示しています。破線よりも実線の方が強くつながっていて、その実線の中でもより太い方が、より強くつながっていることを意味します。また、つながりが強いほど、処理の時間は短くなります。第一言

17　Kroll & Stewart (1994, p. 158) を一部改変

語から第二言語に向かっている線は破線になっており、つながりが弱い
ことが示されています。逆に第二言語から第一言語に向かっている線は
実線で強いつながりであることがわかります。たとえば「犬」から
"dog"を検索するよりも、"dog"から「犬」を検索する方が短い時間で
行うことができることを示しています。次に、第一言語と概念のあい
だ、第二言語と概念のあいだの線を比較すると、第一言語の方は太い実
線で描かれており、第二言語の方は破線で描かれています。すなわち、
概念とのつながりは、第一言語の方が第二言語よりも強いのです。その
ため、第二言語の単語から直接概念を検索せずに、第一言語を経由して
概念へ向かうという経路を辿ることもあります。"dog"の例であれば、
"dog"から「犬」という語を検索し、「犬」の概念を検索して意味理解
するということです。

　これらの箱と線の関係は一定ではなく、第二言語の習熟度によって変
化します。第二言語の習熟度が上がれば、概念や第一言語との結びつき
が強くなり、第一言語から第二言語への翻訳や、第二言語の単語から直
接概念を思い浮かべるという作業がより短い時間でできるようになりま
す。

■単語の読みと意味

　漢字圏出身の学習者に日本語を教えたことがある人は、次のような経
験があるのではないでしょうか。読解の勉強をしているときに、文章の
内容はよく理解できているにもかかわらず、音読をしてもらうと漢字が
全く読めなくてそのギャップに驚く、といったことです。なぜこのよう
なことが起こるのでしょうか。

　文章を黙読する際に、視覚的に提示された単語を見て意味を検索する
経路が二通りあると考えられています。心の中で音声化をしてから意味
へ到達する音韻ルートと、音を介さずに意味へ到達する直接ルートで

す[18]。日本語の漢字単語についても、これらのルートがあると考えられています[19]。後者の方が、ステップが一つ少ない分、単語の処理が速い可能性が高くなります。どちらになるかは、言語習熟度、文字の種類、単語の親密度（その単語にどのくらい馴染みがあるか）、単語の意味が具体的か抽象的か、などが関わってきます。直接ルートが選択されやすいのは、読み手の言語習熟度が高い、漢字のような表意文字で書かれている、読み手がその単語を何度も読んだことがあってよく知っている、単語の意味が具体的である、といった場合です。

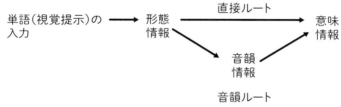

図 3-5　視覚提示された単語から意味へ到達するルート

　日本語の読解のレベルと音読のレベルに差があるような漢字圏出身の学習者の場合は、漢字の習熟度が高いこと、漢字が表意文字であることなどの条件が重なって、直接ルートが選択されることが考えられます[20]。あるいは、日本の漢字の形態情報を中国語の音韻情報に変換して、心内辞書へ至ることも考えられます。プレタスク2で"50,000"を「五万（ごまん）」と読んでいた場合は、これと同じ経路が選択されていたといえます。常に直接ルートや母語の音を通るルートが選択されると、日本語音への変換練習が行われないため、単語の形態と日本語音のあいだにつながりができず、意味はわかるけれど読むことができないま

18　Coltheart（1978）など
19　Wydell, Patterson, & Humphreys（1993）
20　中国語の漢字研究では、単語を認知するときに、表意文字であってもやはり音韻情報を経由しているという説もあります。

48   第3章　単語の認知

まになってしまうのです。このようなことから、中国語を母語とする学習者に対しては文字と音、音と意味のあいだのつながりを強化するような学習活動、つまり日本語の漢字語彙を音読したり、仮名で書いたりするトレーニングが必要だという指摘があります[21]。

4.　おわりに

　文、文章を処理するには、より低次の処理である単語の認知がスムーズに行われることが重要です。母語の単語認知は普段意識せずに行っていると思いますが、前述したように5万語の中から1語を特定するという大変な作業なのです。言語理解の入り口に当たる単語認知に関して知識を得ることは、日本語教師としてだけでなく、自身の外国語学習にも役立つでしょう。

■確認問題

　次の文が正しいか正しくないかを考えてください。

(1)　語彙知識には広さと深さの側面があり、広さは語彙の量を指し、深さは複数の意味や統語的特徴などを知っていることを指す。

(2)　日本語母語話者の場合、単語は、心内辞書の中で検索しやすいように五十音順に並んでいると想定されている。

(3)　それぞれの語彙項目には、単語の文字の形の情報、意味の情報、統語の情報が含まれている。

(4)　単語を認知する、とは、心内辞書に蓄積された情報を利用して、目や耳から入って来た単語がどの単語であるかを特定することである。

(5)　第二言語と第一言語、第二言語と概念の結びつきの強さは、習熟度が上がっても変化することはない。

21　小森 (2005)

確認問題・ポストタスク・読書案内・参考文献　　49

■ポストタスク1

　学習者の語彙の広さと深さを向上させるためには、どのような練習方法が良いと思いますか。周りの人と話し合ってみましょう。

■ポストタスク2

　自分の外国語学習を振り返って、単語を認知するスピードを速くするのに効果的だった練習方法について、話し合ってみましょう。

■さらに知りたい人のための読書案内

①エイチソン ジーン（2010）『心のなかの言葉―心内辞書への招待―』宮谷真人・酒井弘（訳）　培風館.
　☞言葉がどのように心内辞書に保存され、また取り出されて使用されるのか、子どもはどのようにして言葉を獲得するのかなど、さまざまな観点から心内辞書の全体像と機能を紹介した書。豊富な実例や文学作品からの引用も読み手を飽きさせません。

②ネーション I. S. ポール（2005）『英語教師のためのボキャブラリーラーニング』　吉田晴世・三根浩（訳）　松柏社.
　☞外国語を指導する教師のために書かれた本です。これまでの研究成果に基づいた理論的な説明とともに、語彙を指導する際の教室活動や学習方略、言語の理解や産出と語彙知識との関わり、語彙力の測定方法などが示されています。

■参考文献

阿部純一・桃内佳雄・金子康朗・李光五（1994）『人間の言語情報処理―言語理解の認知科学―』サイエンス社.
門田修平（編）（2003）『英語のメンタルレキシコン』松柏社.
国際交流基金（2002）『日本語能力試験出題基準　改訂版』国際交流基金.
小森和子（2005）「第二言語としての日本語の文章理解における第一言語の単語認知処理方略の転移―視覚入力と聴覚入力の相違を中心に―」『横浜国立大学留

学生センター紀要』12，17-39.

スリーエーネットワーク（2014）『みんなの日本語初級Ⅰ　第2版　本冊』スリーエーネットワーク.

堀場裕紀江・松本順子・鈴木秀明（2006）「日本語学習者の語彙知識の広さと深さ」『言語科学研究』12，1-26.

Collins, A. M., & Loftus., E. F. (1975). A spreading-activation theory of semantic processing. *Psychological Review, 82*, 407-428.

Coltheart, M. (1978). Lexical access in simple reading tasks. In G. Underwood (Ed.), *Strategies of information processing* (pp. 151-216). London: Academic Press.

Kroll, J. F., & Stewart, E. (1994). Category interference in translation and picture naming: Evidence for asymmetric connections between bilingual memory representations. *Journal of Memory and Language, 33*, 149-174.

McClleland, J. L., & Rumelhart, D. E. (1981). An interactive activation models of context effects in letter perception: Part 1. An account of basic findings. *Psychological Review, 88*, 357-407.

Nation, I. S. P. (2001). *Learning vocabulary in another language.* Cambridge: Cambridge University Press.

Wydell, T. N., Patterson, K. E., & Hmphreys, G. W. (1993). Phonologically mediated access to meaning for kanji: Is a rows still a rose in Japanese kanji? *Journal of Experimental Psychology: Learning, Memory, and Cognition, 19*, 491-514.

第4章

文章の理解

文章を「理解する」ってどういうこと？

■プレタスク1

母語または外国語の文を読んだり聞いたりする場合、外国語のほうが難しく感じると思います。どのような点が難しいと感じますか。読むときと聞くときに分けて話し合ってみましょう。

■プレタスク2

次の三つの文を続けて読んでください。文に書かれていないことでわかったことがあれば挙げてください。

（1）彼女が街を歩いていると、綺麗な色のワンピースが目に留まった。
（2）彼女は、それをとても気に入った。
（3）彼女は、大きな紙袋を抱えて家に帰った。

1. はじめに

英語を勉強したことのあるみなさんは、英語の歌詞の意味を知りたいと思ったり、英語でセリフが話されている映画を字幕無しで見たいと思ったりしたことはありませんか。新しい言語を学習し、文字や単語を覚えて文章を読めるようになるのはとても嬉しいことです。そして、より長い文章を、より面白い文章を読みたいと思うようになるのではない

でしょうか。

　第4章では、文章を理解するとは認知的にはどのような活動なのか、また文章が理解できたといえるのはどのような状態を指すのか、などについて考えていきます。なお、本章では、二つ以上の「文」が連なったものを「文章」と呼び、文字で提示されたものと音声で提示されたものの両方を含みます。また、文章を読んで理解する「読解」と文章を聞いて理解する「聴解」の両方を扱います。

2. 「文章を理解する」とはどのようなことか

　小説を読んだり、雑誌やインターネットの記事を読んだり、テレビのニュースを聞いたり、駅構内のアナウンスを聞いたりと、文章理解が必要な場面は日常生活において多々あります。

　たとえば小説の中に次のような文章があったとします。

　　　ヒロコはレンタル DVD の店に行った。彼女は週末に見るために新作を3枚借りた。

　この文章を読んだとき、2文目の「彼女」が誰かわからなくて困ったという人はいないと思います。しかし、「ここでは、ヒロコのことを『彼女』と呼びます」という記述はありません。また、3枚借りたのはハンカチでもお皿でもなく DVD だと解釈したと思いますが「3枚の DVD を借りた」という説明もないのです。しかし、みなさんは、レンタル DVD の店に入ったのはヒロコで、借りたものは DVD だろうと考えたと思います。文章をこのように適切に理解できるのはなぜでしょうか。

　認知心理学の分野において文章を理解するとは、文章の中にはっきりと書かれている複数の出来事について、順序や因果関係を推論し、既有

知識と統合して一貫性のある解釈を作り出すということです[1]。ですから、一つひとつの文を理解しただけでは十分ではなく、出来事と出来事の関係や文章全体の流れに矛盾が生じないように、総合的に検討して理解します。

　次に、文章を理解するメカニズム（仕組み）についてもう少し詳しく見ていきましょう。

3. 文章の理解に関わること
■言語情報の処理の仕方

　外国語の文章を読んだり聞いたりするときに、単語の一つひとつを辞書で調べ、意味がわかった単語を集めて文全体の意味を理解し、理解した文を集めてやっと「あ、こんなことが言いたかったんだ」と文章全体が表していることを理解した、という経験はありませんか。逆に、内容に関する知識をすでに母語で持っていたおかげで文章全体の意味が大体わかり、知らなかった単語の意味まで推測できる場合もあるでしょう。

　文章の処理の仕方には、二つの種類があります。

　一つは、文字、単語、句など小さな単位の言語情報の処理に始まり、段階的に大きな単位の処理へ進み、全体を統合して理解するものです。簡単な（低次の）レベルから複雑な（高次の）レベルへと向かうことから「**ボトムアップ処理**（bottom-up processing）[2]」と呼ばれます。

　もう一つは、長期記憶の中の既有知識や、「おそらくこのような内容だろう」「次はこうなるだろう」と考える推論などを使って、文章全体の整合性や一貫性が保てるように理解しようと考えてから、句、単語などの小さな単位へ向かって理解するものです。これは言語処理が高次レベルから低次レベルへ向かうことから、「**トップダウン処理**（top-down processing）[3]」と呼ばれます。文章を理解するときにはどちらか一つの

1　中條（2006）
2　「データ駆動型処理」ともいいます。
3　「概念駆動型処理」ともいいます。

54　第4章　文章の理解

処理を使っているわけではなく、必要に応じてボトムアップ処理とトップダウン処理の両方が用いられます。

　このような言語処理を促進させる練習方法の一例を挙げます。

　言語学習において、ボトムアップ処理を促進するには、文字の識別（読解の場合）や音素や音韻の識別（聴解の場合）、単語の認知などを速く正確に行えるような方法が適しているといえるでしょう。文字の識別であれば、文字カードを次々に提示して読ませるような練習、音の識別ではディクテーションやミニマルペア（「柿」と「鍵」のように意味に関わる音の要素が一つだけ異なる語のペア）を聞き分ける練習などがあります。また、単語の認知では、単語カードを次々に示して翻訳させるような練習があります。それぞれ徐々にスピードを上げて認知的に負荷をかけるような工夫もできるでしょう。

　また、トップダウン処理を促進するには、タイトルからどのような内容が書かれているのか推測する方法や、これから読む文章において重要な概念やキーワードを事前に学習する方法などがあります。内容に関わる学習者自身の知識や経験を頭の中で活性化（すぐに利用できる状態）しておくことで、文章内容の理解が促進されます。

■文章理解を支える知識

　次のページの文章[4]を読んで、何について書かれたものか考えてください。

4　Bransford & Johnson（1972, p. 722）、南雅彦（翻訳協力）

3. 文章の理解に関わること　　55

手順は実際、まったくシンプルである。

まず、物をいくつかのグループに分ける。

もちろん量が少なければ一つでも十分である。

もし、設備がないためにどこか

よそへ行かなければならないのなら

それは次の段階である。

そうでなければ準備はとてもよく整ったことになる。

大切なのは、やり過ぎないことである。

つまり、一度に多くやりすぎるよりも、

むしろ少なすぎるくらいのほうがよい。

短期的にはこのことは重要だと思えないかもしれないが、

混乱はたやすく生じるし、一つのミスが高くつくのだ。

はじめは全ての手順が複雑に見えるかもしれない。

しかし、すぐにそれは生活の一つの側面にすぎなくなるだろう。

近い将来にこの仕事の必要性がなくなるとは予測しにくい。

そうは言っても誰も予測することはできない。

手順が完了した後、また材料を異なったグループに分ける。

それから、その材料を、どこか適切なところに入れる。

やがて、その材料をもう一度使用し、

すべてのサイクルを繰り返さなければならない。

しかしながら、これは生活の一部なのである。

　この文章の中に知らない単語や文構造がありましたか。この文章は一体何について説明したものでしょうか。単語や文章の意味は理解できたけれど、何について説明しているのかはっきりとはわからなかった、と

56   第4章　文章の理解

いう人もいると思います。これは「洗濯」について説明している文章です。「洗濯」とは何であるかを知っていて、「洗濯」をした経験があってもわかりにくかったのではないでしょうか。

　文章全体を理解する際には、個々の文の意味を統合することによって文章の構造を把握する必要があり、そのためには、その文章の背景に関する既有知識が不可欠です[5]。その人の過去の経験や知識が構造化されたものを「**スキーマ**（scheme）」といい、スキーマを活性化することで文章の理解が進みます。

　人は、ある物事に何度か出会ううちに、似たような特徴があることに気づき、その特徴を集めて一般的な知識、すなわちスキーマを構築します。たとえば、ビルの中にある四角い大きな箱で、扉があって人が乗り降りし、上の階に行ったり下の階に行ったりできるものは、エレベーターです。このような知識は「エレベーターのスキーマ」といえるものです。上の階に行ったり、下の階に行ったりできるものであっても、階段やエスカレーターとは違うということをスキーマとして知っています。

　先ほどの洗濯の例では、文章の冒頭や途中で「洗濯」のスキーマが活性化されていなかったために、文章全体を統合して理解することが難しかったのです。読んだ後でこの文章のタイトルが「洗濯」だと聞いてすぐに「なーんだ、そうか」と理解できた人は、タイトルを聞いた瞬間に洗濯のスキーマが活性化されて全体が統合されたのだと考えられます。

　スキーマと文章の記憶の関係について検討した初期の研究に、次のようなものがあります。バートレットという研究者は、北アメリカの先住民族の民話をイギリス人に読ませて、後でその内容を思い出してもらうという実験を行いました[6]。民話にはアザラシやカヌーなどイギリスではあまり見られない動物や日用品、死者が家族の元に帰って話をするといった超自然的な内容が含まれていました。そうすると、民話を読んだ直後には内容を正しく覚えていた人も、半年後、数年後にはアザラシを

5　森（1995, p.180）

6　Bartlett（1932）

ウサギだと言ったり、超自然的な内容を現実的なものに変えたりしていました。自分が持っているスキーマと矛盾するものを、一致する方向に改変していたのです。そのような改変が起こったのはなぜでしょうか。イギリス人が属する社会で身につけたスキーマと先住民族の民話に含まれているスキーマが異なっていたことが理由として考えられます。つまり、人間はスキーマに基づいて新しい事柄を認識したり学習したりし、スキーマと矛盾した事柄に出会ったときには、それを事実とは少し異なった内容で再構成して記憶することがあるのです。

　スキーマは個人によって内容が異なるので、読解の授業で同じ文章を理解した学習者に、時間が経過してからその内容を聞くと、それぞれの学習者が自分のスキーマに合わせて、記憶した内容を改変しているかもしれません。日本の文化や社会を背景とした内容の文章であれば、学習者が持っている母文化や母国の社会に関する知識に基づいて記憶が改変されている可能性もあります。したがって、学習者に文章の内容理解に必要な背景知識を紹介することも、正しい理解や正確な内容の保持には必要であることを、教師は覚えておく必要があります。

　また、スキーマは、「**内容スキーマ**（content scheme）」と「**形式スキーマ**（formal scheme）」の二つに分けられます。内容スキーマは文章の内容の背景知識に関するものです。形式スキーマは文章の構造や表現形式に関するもので、物語文の形式や説明文の形式などがあります。形式スキーマがあれば、重要なことがどこに書いてあるか探しやすくなり、次に書かれていることが予測できるようになるため、学習者の認知的負担が軽減されると考えられます。

4.　文章理解の三つのレベル

　英語の読解のテストでは、文章の内容について問われる問題がよく出ますが、よく読んで理解したつもりでも、問題に答えられないこともあると思います。それでは「理解した」とはどのような状態を指すのでしょうか。

58　第4章　文章の理解

　文章理解に関して広く支持されているモデルを紹介します。ヴァン・ダイクとキンチュは、文章を理解するときに読み手が作りあげる**表象**（representation：得た情報を頭の中で表現し、貯蔵する形式）を三つのレベルに分けました[7]。文章を理解するとは、「文章の中にはっきりと書かれている複数の出来事について、出来事の順序や出来事どうしの因果関係を推論し、長期記憶の中に保存している知識と統合したときに矛盾のない一貫性のある解釈を作り出す」ことだと2節で述べました。これを「表象」という概念を使って表すと、「文章から得られた情報を相互に関連づけて整合性のある意味の表象が記憶の中に形成されること」だといえます[8]。

　三つのレベルについて、「カエルが虫を食べた」という文を使って説明します。一つ目のレベルは「**表層形式**（surface form）」と呼ばれ、最も表面的で一時的なものです。それは「虫をカエルが食べた」でもなく「カエルが虫を食べました」でもなく「カエルが虫を食べた」という言語形式をそのまま正確に記憶したものです。二つ目のレベルは「**テキストベース**（text base）」と呼ばれ、命題（だれが何をどうしたということ）として表すことができる表象です。文にはっきりと書かれていることだけを解釈します。文の中に出てくる物事どうしの関係や意味を解釈するレベルで、頭の中に記憶される形式としては表層形式のように語順や表現が読んだ文と全く同じとは限りません。「虫がカエルに食べられた」という形式も「カエルが虫を食べました」という形式もあり得ます。三つ目のレベルは「**状況モデル**（situation model）」と呼ばれ、文にはっきり書かれていることに加えて、「カエルが虫を捕まえるときには舌を伸ばす」「食べられる虫の方がカエルよりも小さいだろう」など読み手が持っている知識を使って、文で表される状況を作り上げた表象です。三つ目の状況モデルの表象が作られれば、文や文章の内容が深く理解できたといえます。

7　Van Dijk & Kintsch (1983)

8　川崎 (2005, p.133)

日本語の読解の授業でも、テキストベースの段階である「誰が何をしたのか」だけの確認にとどまらず、内容に関わる学習者の知識を呼び起こし、場面がイメージできるような指導がなされると、より深い理解に結びつくのではないでしょうか。先ほどの例であれば、カエルが虫を食べる状況では、まず絵や写真でカエルがどのような生き物かを思い出させ、食べられるのはどのような虫なのかを学習者に聞くことができます。また、どのように虫を捕らえるのかについて、「カエルは虫が近づいてくるのを静かに待っていて、虫が口の近くに来たら長い舌を素早く出します。そして虫を捕まえて素早く口の中に入れます」といった説明をしたり、動画を見せたりすることも学習者の知識喚起につながります。

　　　　⑴表層形式　　　カエルが虫を食べた。
　　　　⑵テキストベース　カエル=食べた方
　　　　　　　　　　　　虫=食べられた方
　　　　⑶状況モデル

　　　　　　図 4-1　理解の段階[9]

5. 文章理解における推論の役割

　次の三つの文を読んでください。

(1) タロウは駅に向かって急いでいた。
(2) 何かが目の前に飛び出してきたので慌ててブレーキを踏んだ。
(3) 小猫は無事だった。

　この文章の内容、すなわち、「タロウが車で駅に向かっていたら、小

9　Fletcher（1994, p. 590）を改変

猫が車の前に飛び出してきたが、ブレーキを踏んだので車は止まり、小猫は生きていた。」ということが理解できたと思います。それでは、タロウが車に乗っていたことや、車が小猫の手前で止まったことなどは書いてあるでしょうか。これらは明確に文章の中には書いてありませんが、みなさんは既有知識を用いて、書かれていない部分を補足し、内容を理解したと考えられます。

　文章理解は受動的な活動ではなく、長期記憶の中にある知識（スキーマ）を活用して文章を解釈し、文章が表す内容を、状況を含めて頭の中に構築し、一貫性のある解釈をする能動的な活動であることを見てきました。このような一貫性のある解釈を構築するためには、文章にはっきり書いてあることだけを理解していたのでは十分ではありません。「行間を読む」という言葉があるように、書かれていない部分を補って考える「推論」をする必要があるのです。

　推論には二つの種類があります。前後の表現や前後の文の一貫性が保たれるようにあいだをつなぐ、つまり橋渡しをする**橋渡し推論（bridging inference）**と、文章をより詳しく理解するために行う**精緻化推論（elaborative inference）**です。先ほどの文で考えると、「タロウは徒歩ではなく車に乗っていた」「車は小猫の手前で止まった」などが橋渡し推論に該当します。そして、「車に乗って駅に向かっているので、タロウは駅から遠いところに住んでいるんだろう」「小猫は犬に追いかけられていたのかな」といった、解釈の一貫性の形成にあまり関与しないものが精緻化推論です。

　推論は、主にワーキングメモリに保持されている直前に読んだ内容と、既有知識とを照合しながら行います。習熟度があまり高くない外国語学習者では、推論のような高次の認知処理を行う場合に、同時に保持できる項目が少ないこと、すぐに消えてしまうことなどが原因で、適切な推論ができないことがあります。また、読解内容に関する知識が学習者の背景知識や母文化と異なる内容であるような場合には、適切な推論ができないことがあります。このような学習者に対しては、出来事間の

関係を表す図を作成させる[10]などの学習方法が有効です。それも難しい場合は、橋渡し推論が必要な部分について教師が一つひとつ質問をして、出来事間をつなぐサポートをすると良いでしょう。

6. 聞いた文章を理解する過程

　日常生活ではデパートのアナウンスを聞く場面、日本語の教室では教師の指示や説明を聞く場面、クラスメートの発表を聞く場面などさまざまな場面があります。ここまでは文章を読んで理解する「読解」を中心に説明してきましたが、本節では文章を聞いて理解する「聴解」について述べます。読む時の文章理解と聞く時の文章理解は、どちらも理解するという活動としては同じですが、理解する文章の提示方法の違いが言語情報の処理の仕方に影響を与えます。具体的にどのように処理の仕方が異なるのかを見る前に、「聞く」という活動そのものについて考えます。

■聞くという活動

　「聴解」も「読解」と同様に、聞き手が積極的に理解に関わろうとする能動的な活動であることは広く認識されています。宮城幸枝は「聞く」行動を以下のように説明しています[11]。

　　「聞く」行動には必ず目的があり、私たちはその目的を達成するために既有知識や言語知識を使って能動的に（情報を）取捨選択しながら聞き、必要な情報を取り入れています。そして「聞く」ことによって新たな思考や感情が既有知識に加わり、既有知識の編集が行われます。

　たとえば、授業で先生の話を聞くときには、「この授業の内容を理解

10　田川 (2011)
11　宮城 (2014, p.7)。括弧内は筆者追記。

62   第4章　文章の理解

する」という目的を持ち、単語や構文に関する知識や内容に関するスキーマを使いながら内容を理解しようと努めます。先生の話の中には、以前聞いたことがあってすでに知っていること、内容と関係のない余談、言いよどみなども含まれているでしょう。学習者は、「この授業の内容を理解する」という目的の達成に必要がない部分は注意を向ける対象からはずして認知的な負担を軽減し、必要だと判断した部分を理解しようとします。こうして理解したことが長期記憶の知識に加わって、知識全体が再構成されます。そのような状態になれば、目的が達成されたといえます。

　そして、目的を達成するために行われる認知的な行動は、聞く前、聞いている時（聞く）、聞いた後（「聞きながら」も含む）、の各段階において、それぞれ異なっています。聞く前には予測や計画を行います。具体的には、場面や状況を把握したり、話を予測し、聞く目的を定め、計画を立てる、などして聞く態勢を整えたりします。聞いているときには、音声で与えられた情報（インプット）を解析します。具体的には、音声を聞いてどのような音素が含まれているかを識別する、統語解析をする、文章の論理構造を理解する、などが含まれます。そして聞いた後には、インプットへの反応を行います。具体的には、事前の予測や途中の理解の検証をする、既有知識への取り込みや修正を行う、意見や感想を持つ、意見を言う、話のとおりに行動する、などが含まれます。

■聴解の過程

　次に、「聞く」過程をより詳しく見ていきましょう。音声による情報が提示された後（音声入力後）の過程を、「知覚」と「理解」の二段階に分けたモデルで説明します（図4-2）。

6. 聞いた文章を理解する過程　63

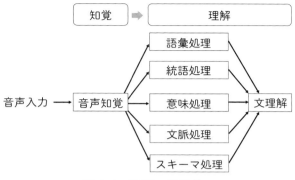

図 4-2　聴解の過程 [12]

　知覚の段階では、聞こえてきた音声がどのような音なのかを捉え、理解の段階で処理ができるような形式（音韻表象）にします。理解の段階では、語彙処理、統語処理、意味処理、文脈処理、スキーマ処理（後出）など複数の処理を短時間のうちに並行して進めます。

　「私は昨日、父と母のプレゼントを買いに行った」という文を理解する場合を考えてみましょう。語彙処理では、「ワタシ」「キノー」などの音声から、使用されている単語が何かを特定して単語の認知を行います（第3章参照）。統語処理では、「私」が主語、「プレゼント」が目的語、「行った」が述語、といった語の役割を把握し、文の構造を理解します。意味処理では、心内辞書から検索してきた語の意味を手掛かりにして、語と語のつながりに意味的な問題がないかどうかを確認し、文単位の意味表象を構築します。文脈処理では、いま処理している文の前や後にある文の意味内容と照らし合わせ、矛盾しないか検討した上でその文の意味を確定します。実はさきほどの文は、二通りの意味に解釈できます。「母にあげるプレゼントを父と一緒に買いに行った」という解釈と、「両親にあげるプレゼントを私が一人で買いに行った」という解釈です。このような場合にも前後の文脈から考えてどちらの意味をとるのかを判断

12　門田（2015, pp. 76-77）を改変

します。文の中に同音異義語(「こうしゃ」は「校舎」なのか「後者」なのか)や多義語(「甘い」は砂糖のような味なのか、対応に厳しさがないことなのか)があれば、その意味の確定も行います。スキーマ処理では、聞き手が頭の中に持っているスキーマを使って、意味内容の推測を行います。

　このような複数の処理を、音声情報が頭の中から消えるまでの短時間におこなって理解に至るのが聴解行動です。したがって、情報が消えずに残っていて何度も入手できる読解よりも、認知的に大きな負担がかかると考えられます。

7.　おわりに

　本章では、文章を「理解する」とはどのようなことなのか、また文章理解のメカニズムはどのようなものか、見てきました。文章理解は、さまざまな知識に支えられ、複数の処理が短時間に行われる高次の認知活動であることが見えてきたのではないかと思います。

　文章理解は、「読解」や「聴解」などの名称で日本語授業のカリキュラムの中に必ずと言っていいほど設定されています。また、日本語を含む多くの言語能力を測定する標準テストの科目の一つでもあります。本章ではいくつか学習支援のアイデアを提案しています。文章理解のメカニズムを理解し、より学習に役立つ練習方法、指導方法などを考えてみてください。

■確認問題

　次の問題に答えてください。
(1)　文章理解の処理の仕方は二種類あります。何と何ですか。また、それぞれどのようなものか説明してください。
(2)　「スキーマ」とは何か、説明してください。
(3)　推論には二種類あります。それぞれについて説明してください。

■ポストタスク1

トップダウン処理とボトムアップ処理の両方を使って読解の指導をする場合、どのような教室活動をするとよいと思いますか。本文に書かれていない具体的なアイデアを出し合ってみましょう。

■ポストタスク2

理解のレベルには「表層形式」「テキストベース」「状況モデル」の三つがありました。次の文章を読んで理解するのに、状況モデルのレベルにまで達するためにはどのような教材を提示するといいか、周りの人と話し合ってみましょう。

> その島にはとてもきれいな海岸があります。海岸には夜になるとたくさんのウミガメがやってきます。そして涙を流しながら卵を産むのです。やがて卵から生まれた子ガメ達は海に向かいます。そして海で成長していきます。しかし、すべての子ガメが大人になれるわけではありません。魚に食べられたり、台風に巻き込まれたりするものも多いのです。

■さらに知りたい人のための読書案内

①甲田直美（2009）『文章を理解するとは—認知の仕組みから読解教育への応用まで—』スリーエーネットワーク.

☞「わかる」とはどういうことかを紐解くことから始まり、読解に関わる認知心理学的な理論や事実をふまえ、メカニズムの解明に迫ります。さらに読み手の個人差要因を考慮に入れて、読解教育にも示唆を与えてくれます。文章が平易で多くの例が示されているので、楽しみながら研究の世界に入ることができます。

②門田修平（2015）『シャドーイング・音読と英語コミュニケーションの科学』コスモピア.

66 第4章 文章の理解

☞タイトルには「シャドーイングと音読」とありますが、聴解も含めた音声情報の処理についての多くの理論がシンプルに書かれています。図や絵が豊富で見やすく読みやすい構成になっています。

■参考文献

川崎恵理子 (2005)「文章理解と記憶のモデル」川崎恵理子 (編)『ことばの実験室—心理言語学へのアプローチ—』(pp. 133-161) ブレーン出版.

田川麻央 (2011)「第二言語学習者の文章理解における要点関係図作成の検討」『日本教育工学会論文誌』35 (Suppl.), 101-104.

中條和光 (2006)「文章の理解」縫部義憲 (監修)・迫田久美子 (編)『講座・日本語教育学 第3巻 言語学習の心理』(pp. 184-210) スリーエーネットワーク.

宮城幸枝 (2014)『日本語教育叢書 つくる 聴解教材を作る』スリーエーネットワーク.

森敏昭・井上毅・松井孝雄 (1995)『グラフィック認知心理学』サイエンス社.

Bartlett, F. C. (1932). *Remembering: A study in experimental and social psychology*. Cambridge: Cambridge University Press.

Bransford, J. D., & Johnson, M. K. (1972). Contextual prerequisites for understanding: Some investigations of comprehension and recall. *Journal of Verbal Learning and Verbal behavior, 11*, 717-726.

Fletcher, C. R. (1994). Levels of representation in memory for discourse. In M. A. Germnshacher (Ed.) *Handbook of psycholinguistics* (pp. 589-607). San Diego, CA: Academic Press.

Van Dijk, T. A., & Kintsch, W. (1983). *Strategies of discourse comprehension*. New York: Academic Press.

第5章

外国語習得に関係する認知能力

外国語学習が得意な人と苦手な人は何が違うの？

■プレタスク1

(1) 〜 (3) の各例を分析して、問題の（　　）に入れるのに最も適切なものをa〜dの中から選んでください。各問題にどのようなルールがあるか、気がついたことを話し合いましょう。

(1) 例 1. etomiru － etomizu
to study　　*not to study*

2. tamitemaru － tamitemarazu
to teach　　*not to teach*

3. yodabaru － yodabarazu
to buy　　*not to buy*

4. yanakiru － yanakizu
to speak　　*not to speak*

問題　inayaniru －（　　）

a. inayanazu　b. inayanirazu　c. inayanizu　d. inayanirizu

(2) 例 1. inayaniru － inayanite
receive　　*be receiving*

2. nakomaru － nakomatte
give　　*be giving*

3. tamitemaru － tamitematte
teach　　*be teaching*

4. etomiru － etomite
study　　*studying*

問題　yanakiru －（　　）

a. yanakite　b. yaurate　c. yauratte　d. yanakitte

68 第5章 外国語習得に関係する認知能力

(3) 例 1. etomiru － etomirareru　　3. tamitemaru － tamitemareru
　　　　 study　　　 *can study*　　　　　 *teach*　　　　 *can teach*

　　　 2. nakomaru － nakomareru　　4. saerokamu － saerokameru
　　　　 give　　　　 *can give*　　　　　 *watch*　　　　 *can watch*

問題　kubesaku －（　　　）

a. kubesakeru　b. kubesareru　c. kubesakareru　d. kubesarareru

■プレタスク2

　外国語学習が得意な人と苦手な人がいると思いますか。外国語学習に
はどのような能力が関係していると思いますか。

1.　はじめに

　同じ時期に外国語学習を始めても、すぐに上達する人もいれば、上達
するまでに長い時間がかかる人もいます。それはみなさんの英語学習の
体験からも実感できることではないでしょうか。外国語学習はさまざま
な要因から影響を受けますが、その中でも母語や学習環境の影響は非常
に大きいことがわかっています。たとえば、英語を**目標言語**（target
language：習得しようとしている言語）として学習する日本人とドイツ
人を比べてみましょう。日本語は文法も語彙も英語とあまり似ていませ
んが、ドイツ語と英語は似ている部分が多いため、言語の類似性から考
えると日本人の英語学習のほうが難しいといえます。また、日本国内で
英語を学ぶ場合（目標言語が使われていない外国語環境）と英語圏で英
語を学ぶ場合（目標言語が使われている第二言語環境）を比較して考え
ると、学習環境が言語の学習に影響を与えることは容易に想像できるで
しょう。しかし、たとえ母語や環境などが同じであっても、学習者には
個人によって異なる要因－言語適性、動機づけ、ビリーフなどが存在
し、これらの個人差も習得に大きな影響を与えます。第5章では学習者
の個人差のうち、外国語習得に関連のある認知能力、言語適性を取り上
げます。

2. 初期の言語適性研究：適性テストの開発

　言語適性（language aptitude）とは外国語を学習するために必要な認知能力を指しますが、「言語適性」という一つの能力があるのではなく、いくつかの能力から構成されています。これらの能力を言語適性の「構成要素」といいます。しかし、何を言語適性の構成要素と考えるかは、研究者によって見解が異なっており、言語適性がどのような能力であるかという問題は一致した結論に達しているわけではありません。

　それでは、言語適性という概念を理解するために、初期の適性研究について簡単に説明します。言語適性研究は1950年代に**適性テスト**（language aptitude test）の開発から始まりましたが、その目的は一定の期間内に外国語を早く習得できる人を選ぶためでした。つまり、適性テストは習得の速度を予測するもので、最終的な到達度を予測するものではありません。最も有名な適性テストはキャロルとサポンによって開発された**MLAT**（Modern Language Aptitude Test）[1]です。キャロルらは学習者に対し学習開始前に学習成果を予測すると思われる多くのテストを実施し、コース修了時に行われた学習成果テストとの関係を調べました。そして、学習成果テストとのあいだに高い正の相関があり、相互には相関がない五つのテストだけを残し、MLATを完成させました。ちなみに正の相関関係というのは、Aの得点が高いとBの得点も高いという比例関係のことで、その反対に一方が高くなると他方が低くなるという比例関係は負の相関といいます。

　最終的に残ったのは次のa）〜e）の五つのテストです。本書では紙幅の関係で具体的な問題例は挙げられませんが、それぞれのテストのサンプル問題をLanguage Learning and Testing Foundationのサイト[2]で見ることができます。

1　Carroll & Sapon（1959）

2　http://lltf.net/aptitude-tests/language-aptitude-tests/

70 第5章 外国語習得に関係する認知能力

a) 数字学習 (Number Learning)
音声で提示される人工言語の数字を記憶するテスト

b) 音声スクリプト (Phonetic Script)
音声と綴りを対応させる能力を測定するテスト

c) 綴り手がかり (Spelling Cues)
文字を音声化して意味を理解する能力を測定するテスト

d) 文中の単語 (Words in Sentences)
文中の語の文法的機能を理解する能力を測定するテスト

e) 対連合 (Paired Associates)
視覚的に提示された未知の言語と英語の対応 (24 ペア) を 2 分で記憶するテスト

そして、キャロル[3]はこれら五つのテストで言語適性として以下の四つの能力を測定していると述べています。

① **音韻符号化能力** (phonological coding ability)
未知の音声材料を認識、識別し、長期記憶に保持する能力

② **連合記憶** (associative memory)
母語の単語と目標言語の単語を結びつけて記憶する能力

③ **文法的敏感性** (grammatical sensitivity)
文中の要素の文法的機能を認識する能力

④ **帰納的言語学習能力** (inductive language learning ability)
言語材料からルールを導き出す能力

音韻符号化能力は①のように定義されていますが、非常に簡単に言うと、知らない音声を聞いたとき、どのような音なのか認識して、覚えておく能力です。②の連合記憶は、たとえば、数字の「1」は日本語では

---

3 Carroll (1962)

「いち」で、英語では「one」だといった対応を覚える能力です。③の文法的敏感性はたとえば、'From the look on your face, I can tell that you must have had a bad day.' のような文の中で、文の主語は「I」であり、「that you must have had a bad day」全体が「can tell」の目的語となっているといったことが理解できる能力です。そして、④の帰納的言語学習能力というのは**インプット**（input：音声や文字で与えられる言語材料）の中から言語のルールを導き出す能力のことです。実はMLATの五つのテストの中にはこの帰納的言語学習能力が測れるテストがなく、この点が多くの研究者から批判されています。しかし、MLATの予測力（一定期間後の学習成果をどの程度予測できるか）を超える適性テストはなく、現在でもMLATの一部のテストは研究などに使用されています。

　MLAT以外の主要な適性テストとしてはピムズラーが高校生用に作成した**PLAB**（Pimsleur's Language Aptitude Battery）[4] があります。このテストもMLATと同じサイトで問題のサンプルを見ることができます。その他にもさまざまな適性テストが開発されました。日本でもMLATやPLABを参考にして日本語学習者用の**日本語習得適性テスト**が開発されました。日本語の習得には漢字学習が重要であるため、漢字の学習に関連がありそうな能力を測定するテストも含まれています。日本語習得適性テストについては『日本語テストハンドブック』[5] で説明されていますが、現在、教育現場ではあまり使用されていないようです。なお、プレタスク1の問題は日本語習得適性テストの文法抽出問題の一部で、帰納的言語学習能力を測定するテストです。この問題は日本語の文法をもとに作成されていますが、プレタスクでそのことに気がつきましたか。

　MLATに代表されるような適性テストの開発が適性研究の主流だった1950年代からすでに60年以上が経過し、この間、学習、教授法、第

4　Pimsleur（1966）

5　日本語教育学会（1991）

二言語習得、記憶などに関する研究が発展し、新たな理論も数多く生まれてきました。たとえば、教授法に関しては、文法知識を積み上げていくことを重視する**オーディオリンガル・メソッド**から、言語を使用することを重視する**コミュニカティブ・アプローチ**へと変化しましたし、第二言語習得という新しい研究領域が生まれました。また、記憶は適性テスト開発が盛んだった頃の捉え方から大きく変化し、単なる連合記憶ではなくワーキングメモリ（第2章参照）が注目されるようになりました。そのような学術の進歩の中で、テスト開発を中心とした適性研究は研究者の興味・関心を集めるものではなくなりました。しかし、近年、言語適性の第二言語習得に対する影響が再認識されるようになり、以前とは異なる観点から適性研究が進められています。次節で最近の理論や研究を紹介します。

3. 第二言語習得プロセスの概要

　言語適性は第二言語習得にどのように関わっているのでしょうか。それを理解するためには、まず言語習得がどのように起こるのかを知っておく必要があるので、ごく簡単に説明しておきます。

　学習者は目標言語を学習する過程において、母語でも目標言語でもない、**中間言語**（interlanguage）[6] という独自の言語体系を頭の中に作っていきます。そして、この中間言語は新たな知識が加わるたびに**再構築**（restructuring）され、徐々に目標言語の体系に近づいていきます。第二言語習得を非常に簡略化して考えると、次のようなインプットからアウトプットまでの流れとして捉えることができます。

6　Selinker（1972）

私たちは音を聞いたり、文字を読んだりすることを通して外国語を学習しますが、このような音や文字の情報を**インプット**といいます。このインプットの意味を理解する（処理する）ことを通して言語習得が進んでいきます。ただし、私たちが触れるインプットすべてが習得されるわけではありません。インプットの中にある言語形式（音声・語彙・文法などの形式）に気づき、その意味を理解したものだけが**インテイク**（intake）として頭の中に取り込まれます。それが中間言語に統合され習得が進んでいきます。そして、中間言語として内在化された知識を使って**アウトプット**（output：口頭、文字による産出）が行われます。

4. 第二言語習得における言語適性の役割に関する理論

言語適性はさまざまな観点から研究されているため、本書ですべての研究について言及することはできません。ここでは第二言語習得と言語適性の関わりについて、スキーハンという研究者の二つの主張[7]を中心に紹介します。

■第二言語習得プロセスと言語適性との関連

まず、第二言語習得プロセスと言語適性の関係についての主張を説明します。2節で MLAT を開発したキャロルは適性要素を四つと考えていると述べました。それに対し、スキーハンは「**音韻処理能力**（phonological ability）」、「**言語分析能力**（language analytic ability）」、「**記憶力**（memory）」の三つを言語適性の要素としました。そして、それらが第二言語習得とどのように関連しているかについて、次のような主張をしています。

スキーハンは音韻処理能力をインプット段階で特に重要になる能力と考えています。私たちは音声によるインプットを理解するとき、頭の中で音韻表象に変換して処理しますが（第4章参照）、文字によるインプッ

---

7 Skehan (1998)

74 第5章 外国語習得に関係する認知能力

トの場合も同じようにいったん音韻表象に変換して処理します。ですか
ら、音声であるか文字であるかにかかわらず、インプットの音韻表象を
頭の中で保持できなければ意味を理解することはできず、習得につなが
りません。そのため、スキーハンは音韻を処理するための能力がイン
プットの段階で非常に重要だと述べています。

　ここで注意が必要なことは、音韻処理能力は一つの能力ではなく、さ
らに**音韻意識**（phonological awareness）や**音韻的短期記憶**（phonological
short term memory）などの下位の能力から構成されていることです。
つまり、一言で音韻処理能力といっても、実はそれがどのような能力な
のかは非常に難しい問題なのです。なお、音韻意識というのは、単語を
音に分解したり、単語内の音を削除したり、付け加えたりすることがで
きる能力を指します。子どもがしり取りや、ある音を発音しないで歌を
歌う（たとえば「か」を抜かして歌う）といった遊びができるようにな
るのは音韻意識の発達後であることがわかっています。また、音韻的短
期記憶は文字通り短期的に音を記憶する能力ですから、音韻処理には記
憶力も関係していることになります。この音韻的短期記憶は数字列や単
語列、あるいは無意味語の復唱などで測定しますが、母語習得にも外国
語習得にも重要な役割を果たすことがわかっています[8]。

　次に**言語分析能力**ですが、スキーハンはこの能力はインプットを分析
してすでに持っている知識と共通するパターンを抽出したり、それを一
般化したりするプロセスや中間言語の**再構築**といった「中央処理」に関
わっていると考えています。たとえば、初めて英語を学習したときに、
"How are you?" "I'm fine, thank you." というような表現を教えられた
場合、使用場面とともに提示されれば、それが一つのかたまりとしてど
のような意味を持つのかは理解できます。しかし、その時点では are や
am は be 動詞である、I'm は I am の短縮形である、疑問文の時は be
動詞が主語の前に来るといったルールはわかりません。「サンキュー」

8　Baddeley, Gathercole, & Papagno（1998）

が thank という動詞と you から成る文だという認識もないかもしれません。しかし、学習が進むにつれて、かたまりとして覚えた表現も徐々に分析的な知識となり、中間言語が再構築されていきます。このようなプロセスに言語分析能力が関わっているということです。

　三番目の記憶力に関しては、これまでは新しい情報の学習に記憶力が必要であるという点に焦点が当てられていましたが、スキーハンはそれだけではなく**検索**（記憶の中から思い出すこと）や**貯蔵**方法（記憶の中にどのように知識が貯蔵されているか）といった記憶の機能を重視しています。初めは分析されない形で記憶されているものが徐々に分析的になると述べましたが、さらに学習が進むと、分析的な知識が再度**チャンク**（chunk：いっしょに用いられる語のかたまり）として記憶されるようになります。このプロセスを**チャンキング**（chunking）といいます。チャンクとして記憶されていると、一かたまりの表現として思い出すので、流ちょうに発話することができます。そのため、記憶力はアウトプットと強い関係があると考えられています。

　以上のように、スキーハンはインプットと音韻処理能力、中央処理と言語分析能力、アウトプットと記憶力が関連していると主張しています。この主張は経験的には納得がいくように感じますが、現時点では実証されているわけではありません。また、スキーハンが主張しているのは、ある適性要素が第二言語習得の一部のプロセスに特に強く関連しているということで、その適性要素が特定のプロセスだけに関与しているということでありません。

■**学習段階と言語適性との関連**

　スキーハンはもう一つ、学習段階と適性要素の関係という観点からの仮説も提唱しています。言語適性の構成要素である音韻処理能力、言語分析能力、記憶力は、常に同じように第二言語習得に影響を与えるのではなく、学習段階によって重要となる能力が異なるという仮説です。具体的な主張は①〜③で、それを概念図に表したものが図 5-1 です。

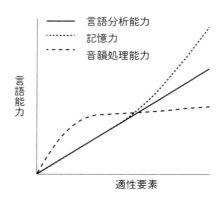

図 5-1　適性要素と言語能力レベルの関係[9]

① 音韻処理能力は言語能力が低い段階で重要である。
② 言語分析能力はすべての段階で重要である。
③ 記憶力はすべての段階で重要であるが、言語能力レベルが高くなった段階でより重要になる。

　すでに述べたように、言語習得にはインプットが処理されることが不可欠であり、インプットを処理するためには、インプットの音韻を符号化することが必要です。言い換えると、インプットの**音韻符号化**ができなければ、習得につながりません。そのため、音韻処理能力が高い学習者ほど、学習初期には習得が速く進みます。もちろんインプット処理はどの学習段階でも必要なことですが、語彙知識が増えて目標言語の音の連なりの傾向がわかるようになると、それが音韻処理にプラスの影響を与えます。自分自身の外国語学習の経験を思い出してみてください。学習を開始したばかりの時より学習が進んだ時の方が、未知の語句を記憶することが簡単になっていたのではないでしょうか。これはいままでに

9　Skehan (1998, p. 217) をもとに作成

4. 第二言語習得における言語適性の役割に関する理論　　77

学習した語彙の音の連なりとの類似性が見つけやすくなっているからだと思われます。このような語彙知識の影響があるため、学習が進んだ段階では音韻処理能力の高低によって習得に差が生じにくくなります。図中の音韻処理能力を示す破線が途中から平らになっているのはそれを表しています。

　前項で言語分析能力が中間言語の再構築に関連していると述べましたが、中間言語の再構築のプロセスは学習の初期段階から継続して行われます。したがって、言語分析能力はすべての段階で重要になります。

　記憶力は貯蔵だけでなく貯蔵方法や検索にも関わっています。記憶力が習得のすべての段階で必要なことは言うまでもありませんが、上級レベルでは複雑な内容を即座に発話しなければなりませんから、インプットを記憶することに加え、言語知識がチャンクとして貯蔵されていて、素早く検索できることが重要です。このような理由から、スキーハンは学習が進んだ段階で記憶力の役割がより大きくなると主張しています。

　この学習段階と言語適性の関係についての仮説を、向山陽子は中国語母語の日本語学習者を対象にして検証しています[10]。学習開始前に適性テスト（音韻処理能力、言語分析能力、記憶力）、学習開始から3か月ごとに合計5回の学習成果テスト（文法、聴解、読解）を行い、それらの得点の関係を調べました。なお、この研究では音韻処理能力は未知語の復唱という方法で音韻的短期記憶を測定しています。また、言語分析能力は日本語習得適性テストの文法抽出問題で測定しています。そして、記憶力はリーディング・スパンテストでワーキングメモリを測定しています。言語適性と学習成果の関係を学習段階ごとに相関分析により検討した結果、次のようなことが示されました。

① 音韻的短期記憶は、9か月までは学習成果テスト得点と相関があったが、それ以降は相関が弱くなった。

10　向山 (2009)

78　第5章　外国語習得に関係する認知能力

② 言語分析能力は、全期間を通じて学習成果テスト得点と有意な相関があった。
③ ワーキングメモリは、読解との相関は初めから見られたが、文法、聴解との相関は15か月後になって初めて出現した。

　これらの結果は、音韻処理能力は学習初期に重要、言語分析能力はすべての段階で重要、記憶力は学習が進んだ段階で重要というスキーハンの仮説を支持するものといえます。
　同じ対象者の会話能力についても、次のような結果が得られています[11]。

① 学習開始から6か月後の会話能力は音韻的短期記憶、言語分析能力の両方と関係していたが、15か月後には音韻的短期記憶との関連が弱くなった。
② 会話能力が高い学習者は、言語分析能力とワーキングメモリが高かった。

　この結果もスキーハンの仮説に沿うものといえますが、文法、聴解、読解と比べるとそれほど強い関連ではありませんでした。これは会話という口頭産出能力には、性格、コミュニケーションに対する意欲、日常生活でのアウトプットの機会など、言語適性以外の個人差や学習環境がより大きく影響しているからだと考えられます。

■言語適性としての記憶

　4節ではスキーハンの二つの仮説を中心にして第二言語習得における言語適性の役割について説明してきましたが、これを記憶という観点からも考えてみたいと思います。

11　向山（2010）

４．　第二言語習得における言語適性の役割に関する理論　　79

　上で紹介した向山の二つの研究では「音韻処理能力」として音韻的短
期記憶を、また、「記憶力」としてワーキングメモリを測定しています。
そして、音韻的短期記憶は学習初期に、ワーキングメモリは学習が進ん
だ段階で重要であることが示されました。音韻的短期記憶は一時的な情
報の保持に、ワーキングメモリは情報の処理と保持の両方に関わってい
ます。したがって二つの研究の結果は、記憶の観点から見ると、学習初
期には情報の保持が、学習が進んだ段階では情報の処理と保持の両方が
重要という解釈ができます。つまり、学習段階によって必要となる記憶
の機能が異なる可能性があるということです。そこで、音韻的短期記憶
とワーキングメモリがどのように言語習得と関連しているか、これまで
にわかっていることを説明します。

　音韻的短期記憶と第二言語習得との関連については子どもを対象とし
た研究が数多く行われ、語彙習得や文法習得[12]と関連があることが明ら
かになっています。また、成人を対象としたフィンランド語の語彙学習
の実験[13]、イタリア語をもとにした人工言語の文法学習の実験[14]でも音韻
的短期記憶が学習に関連していることが示されています。したがって、
子どもの場合も成人の場合も、学習の初期段階には未知の音を識別して
記憶する能力が重要な役割を果たしているといえます。しかし、その一
方、子どもも成人も、ある程度言語レベルが高くなったグループでは、
音韻的短期記憶と学習成果とのあいだに関連がないことが示されていま
す[15]。どの研究においても音韻的短期記憶は未知語や非単語の復唱で測
定されているので、初期の外国語学習には聞き慣れない音の連なりを正
確に繰り返せること（**リハーサル**：第２章参照）が重要であるけれど、
ある程度学習が進んだ段階ではその能力はそれほど重要ではなくなると
いえるでしょう。

12　Service & Kohonen（1995）、French & O'Brien（2008）など

13　Atkins & Baddeley（1998）

14　Williams（1999）

15　Masoura & Gathercole（2005）、Hummel（2009）

80   第5章　外国語習得に関係する認知能力

　それではワーキングメモリに関してはどのようなことがわかっている
のでしょうか。言語適性がどのような能力なのかはまだ見解が一致して
いるわけではないと述べましたが、近年ではワーキングメモリを言語適
性の一部と考える研究者が増えています[16]。

　日本人大学生の上級英語学習者を対象に、読解能力と音韻的短期記
憶、ワーキングメモリがどのように関係しているかを調べた研究[17]で
は、ワーキングメモリだけに読解能力との相関が見られました。同じよ
うに、日本人英語上級者の文理解を対象とした研究[18]でも、ワーキング
メモリだけに相関があり、音韻的短期記憶との関連はありませんでし
た。そして、英語母語のスペイン語学習者（初級と中級）を対象とした
研究[19]では、ワーキングメモリとの関連を示したのは中級だけで、初級
においては関連が示されませんでした。このようにワーキングメモリと
の関連が見られたのは対象者が中上級者の場合で、これは学習者が上級
になった段階でワーキングメモリとの関係が現れた向山の二つの研究と
同様の傾向といえます。

　ここで紹介した研究の結果を総合して考えてみると、音韻的短期記憶
は学習初期に重要で、徐々に役割が小さくなり、その反対にワーキング
メモリは上級になるにしたがって重要になるといえるようです。つま
り、学習段階によって重要となる記憶の機能が異なり、学習初期には情
報を保持できることが、学習が進んだ段階では処理をしながら保持でき
ることが重要になると考えられます。

5.　おわりに

　本章では言語適性はどのような下位の能力から構成されるのか、また
それらの構成要素が第二言語習得とどのように関連しているのかを、初

16　Ellis (2001)、Miyake & Friedman (1998) など

17　Harrington & Sawyer (1992)

18　Miyake & Friedman (1998)

19　Sagarra & Herschensohn (2010)

期の適性研究とスキーハンの仮説を中心にして説明しました。

初めに述べたように、言語適性は言語習得に大きな影響を与える学習者の特性であり、近年はさまざまな観点から研究が行われています。本章で紹介した研究はそれらのごく一部に過ぎず、言語適性についてはまだ解明されていない問題がたくさん残されています。

■確認問題
次の文が正しいか正しくないかを答えてください。
(1) 言語適性が高い人だけが第二言語を習得できる。
(2) 言語適性はいくつかの能力から構成されている。
(3) どの研究者も言語適性の要素は三つと考えている。
(4) インプットを処理することに関係があるのは主に言語分析能力である。
(5) 適性テストによって予測できるのは習得の速度である。
(6) 音韻的短期記憶は学習が進んだ段階で特に重要である。
(7) ワーキングメモリを言語適性の一部だと考える研究者がいる。
(8) 流ちょうにアウトプットするためにはチャンキングが重要になる。
(9) 音韻的短期記憶が重要なのは子どもの第二言語習得だけである。

■ポストタスク1
プレタスク1の問題ができる人ほど、外国語が習得しやすいと思いますか。また、未知の音を聞いて復唱する能力に関してはどう思いますか。

■ポストタスク2
これまでの外国語学習経験を振り返り、本章で説明した第二言語習得と言語適性との関連について考えてみましょう。自身の経験はスキーハンの仮説に当てはまるでしょうか。

82   第5章　外国語習得に関係する認知能力

■さらに知りたい人のための読書案内

①大関浩美（2010）『日本語を教えるための第二言語習得論入門』く
ろしお出版.

☞第二言語習得に関する入門書です。言語適性についても簡単に触
れられています。第二言語習得に関する基本的知識を得るのに適
しています。

②向山陽子（2016）「言語適性と第二言語習得」長友和彦（監修）森山
新・向山陽子（編）『第二言語としての日本語習得研究の展望—第
二言語から多言語へ—』(pp. 261-293)　ココ出版.

☞言語適性と第二言語習得の関連についての研究の最新の動向が初
学者向けにわかりやすく書かれています。

■参考文献

日本語教育学会（1991）『日本語テストハンドブック』大修館書店.

向山陽子（2009）「第二言語習得において学習者の適性が学習成果に与える影響
—言語分析能力・音韻的短期記憶・ワーキングメモリに焦点を当てて—」『日
本語科学』25, 67-90.

向山陽子（2010）「言語適性と第二言語の会話能力との関連—会話能力を予測する
適性要素は何か—」『言語文化と日本語教育』39, 60-69.

Atkins, P. & Baddeley, A. (1998). Working memory and distributed vocabulary
learning. *Applied Psycholinguistics, 19*, 537-552.

Baddeley, A., Gathercole, S. & Papagno, C. (1998). The phonological loop as a
language learning device. *Psychological Review, 105*, 158-173.

Carroll, J. B. (1962). The prediction of success in intensive foreign language
training. In R. Graser (Ed.), *Training, research and education* (pp. 87-136). New
York: Wiley.

Carroll, J. B. & Sapon, S. (1959). *Modern Language Aptitude Test: Form A*. New
York: Psychological Corporation.

Ellis, N. C. (2001). Memory for language, In P. Robinson (Ed.), *Cognition and
second language instruction* (pp. 33-68). Cambridge: Cambridge University
Press.

French, L. M. & O'Brien, I. (2008). Phonological memory and children's second language grammar learning. *Applied Psycholinguistics, 29*, 463–487.

Harrington, M. & Sawyer, M. (1992). Second language working memory capacity and second language reading skills. *Studies in Second Language Acquisition, 14*, 25–38.

Hummel, K. M. (2009). Aptitude, phonological memory, and second language proficiency in nonnovice adult learners. *Applied Psycholinguistics, 30*, 225–249.

Masoura, E. V. & Gathercole, S. E. (2005). Contrasting contributions of phonological short-term memory and long-term knowledge to vocabulary learning in a foreign language. *Memory, 13*, 422–429.

Miyake, A. & Friedman, N. P. (1998). Individual differences in second language proficiency: Working memory as language aptitude. In A. F. Healy & L. E. Bourne (Eds.), *Foreign language learning: Psychometric studies on training and retention* (pp. 339–364). Mahwah, NJ: Lawrence Erlbaum.

Pimsleur, P. (1966). *The Pimsleur language aptitude battery*. New York: Harcourt Brace Jovanovitch.

Sagarra, N. & Herschensohn, J. (2010). The role of proficiency and working memory in gender and number agreement processing in L1 and L2 Spanish. *Lingua, 120*, 2022–2039.

Selinker, L. (1972). Interlanguage. *International Review of Applied Linguistics, 10*, 209–231.

Service, E. & Kohonen, V. (1995). Is the relation between phonological memory and foreign language learning accounted for by vocabulary acquisition? *Applied Psycholinguistics, 16*, 155–172.

Skehan, P. (1998). *A cognitive approach to language learning*. Oxford: Oxford University Press.

Williams, J. N. (1999). Memory, attention, and inductive learning. *Studies in Second Language Acquisition, 21*, 1–48.

第6章

言語適性と指導方法の適合

自分の能力や好みに合った指導だと学習の効果が上がるの？

■プレタスク1

どのような外国語の学習方法が好きですか。たとえば、文字を見ないで音声から学ぶ方法は好きですか。文法を中心にした授業は好きですか。それはどうしてですか。

■プレタスク2

文法説明がなく、音声でのやりとりを中心にした指導を受けている場合、「音韻処理能力」が低い学習者はどのような困難に直面すると思いますか。「言語分析能力」、「記憶力」が低い学習者はどうでしょうか。第5章で学んだことを思い出して考えてみましょう。

1. はじめに

外国語の指導方法、学習方法にはさまざまなものがあります。みなさんもいままでの外国語学習経験において、いろいろな指導方法で外国語を学んできたと思います。英語学習を例にすると、日本語で文法説明を受けてから文型を練習するような文法中心の授業もあれば、日本語を使わずに英語だけでコミュニケーションをすることを重視した授業もあったでしょう。

第5章ではスキーハンの言語適性と学習段階の関連についての主張を

86   第6章　言語適性と指導方法の適合

中心に説明しました。第6章では言語適性と指導方法には相互作用があるというロビンソンの主張を紹介します。ロビンソンの主張は**適性処遇交互作用**（aptitude treatment interaction）という考え方が基盤になっているので、まず適性処遇交互作用について説明し、次に指導方法に関して、フォーカス・オン・フォームという理論を紹介します。その後で、ロビンソンがどのような主張をしているのか、また、その主張に関連してどのようなことがわかっているのかを説明します。

2.　適性処遇交互作用

　適性処遇交互作用というのは、クロンバック[1]という教育心理学の研究者が提唱した理論です。この理論では「学習者の**適性**（aptitude）と**処遇**（treatment）には**相互作用**（interaction）がある」、すなわち、学習者の適性によって処遇（指導）の効果の表れ方が変わると考えます。

　この理論でいう「適性」とは、第5章で説明した外国語学習のための認知能力である「言語適性」だけを指すものではありません。言語適性以外にも、年齢、性別、動機づけ、学習ストラテジー、ビリーフ、性格、不安傾向など、学習者によって異なる特性をすべて含んで「適性」と呼んでいます。

　違う言葉で説明すると、学習者の（広義の）適性と指導方法が適合すれば効果が大きいけれど、そうでない場合は効果が小さいということです。適性処遇交互作用は教育すべてに当てはまる考え方なので、言語教育においても多様な学習者にどのように対処すべきかを考える際に重要です。

　適性処遇交互作用は図6-1のような概念図に表わすことができます。ある特性が高い学習者には教授法Aが効果的であり、低い学習者には教授法Bが効果的であること、つまり、特性によって効果的な教授法が異なることを示しています。

---

[1]　Cronbach（1957）

2. 適性処遇交互作用　87

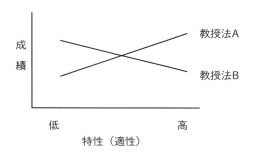

図 6-1　適性処遇交互作用の概念図[2]

　適性処遇交互作用は 50 年以上前に発表された理論ですが、近年、第二言語習得研究においてロビンソンがこの考え方に基づき、新たに適性と指導との関連を理論化しています。ロビンソン以前の適性処遇交互作用を実証する研究は、オーディオリンガル・メソッド、コミュニカティブ・アプローチといった教授法レベルで行われていました。たとえば、カナダ政府の言語プログラムの中で適性処遇交互作用を実証した研究があります[3]。学習開始前に実施した適性テストの結果によって、学習者を三つの異なる指導条件に配置して指導を行った結果、言語分析能力が高い学習者は、文法を分析的に学習する指導を受けた場合に、成績が良いことが示されました。日本でも小学生の英語学習を対象にした研究が行われています。その研究では、90 人の小学 5 年生にさまざまな適性テストを実施し、その成績によってコミュニカティブ・アプローチと文法重視のアプローチに配置して英語指導を行いました[4]。その結果、適性テスト得点の高い児童には文法重視のアプローチが、適性の低い児童にはコミュニカティブ・アプローチが、より効果的であることが示されました。
　日本語学習において適性処遇交互作用を示した研究もあります[5]。この

2　日本語教育学会（1991, p. 249）をもとに作成
3　Wesche（1981）
4　安藤他（1992）
5　向山（2004, 2006）

研究は教授法レベルの比較ではなく、文法説明の有無による違いを比較したもので、2クラスの中国人日本語学習者に異なる指導（文法説明をしない指導と、まとめとして文法説明をする指導）を行ってその効果を調べています。学習者を日本語能力の高低で分けて[6]、指導の効果を見たところ、日本語能力が高い学習者は文法説明の有無に関係なく同じような成績でしたが、日本語能力が低い学習者は文法説明がある指導を受けた方がより成績が良いという結果になりました。この結果も学習者の特性（この場合は日本語能力）と指導方法が適合した場合に、より高い効果が得られるという適性処遇交互作用を示したものといえるでしょう。

　このように、いくつかの研究で適性処遇交互作用が示されています。しかし、近年注目されているロビンソンの理論は、教授法レベルではなく、指導テクニックのレベルで適性処遇交互作用を考えています。そこで、ロビンソンの主張を説明する前に、まず、近年の指導方法・指導テクニックについて確認しておきます。

3.　さまざまな指導方法

　指導の種類を分類するための枠組みは複数の研究者によって提案されていますが、ここではロングによる3分類[7]—**フォーカス・オン・ミーニング**（Focus on Meaning）、**フォーカス・オン・フォームズ**（Focus on Forms/FormS[8]）、**フォーカス・オン・フォーム**（Focus on Form）を紹介します。

■言語項目の「形式」「意味」「機能」

　ロングの考え方を理解するためには、「**形式**（form）」「**意味**（meaning）」「**機能**（function）」という用語の理解が必要です。「形式」というのは、

6　筑波大学で開発された日本語能力判定のためのテスト、SPOT（Simple Performance-Oriented Test）によって日本語能力が測定されています。

7　Long（1991）

8　大文字のSで表されることもあります。

音声、語彙、文法、表記など、言語が表される「形」のこと、「意味」というのは、どのような意味内容を伝えるために使うかということ、「機能」というのは、いつ、どのような場面で、何のためにそれを使うかということです。では、「形式」「意味」「機能」とはどういうことなのか、「〜ことになっている」を例として考えてみましょう。

(1) A：今度の連休、どうするんですか。
　　B：連休は友達と旅行に行くことになっています。
(2) A：今度の連休、バーベキュー大会に来ませんか。
　　B：連休は友達と旅行に行くことになっています。

(1)、(2) とも「ことになっている」という形式で「予定している」という意味を表わしているのは同じですが、機能は異なっています。(1) は単に予定を述べているだけですが、(2) では「ことになっている」を「断り」の機能で使っています。つまり、(1) の「ことになっている」は意味も機能も「予定」なのに対し、(2) は意味は「予定」、機能は「断り」です。「形式」「意味」「機能」はそれぞれ言語の異なる側面ですが、(1) のように、「意味」と「機能」は同じであることが多いため、「意味・機能」というように一まとまりとして捉え、「形式」と「意味 (機能)」を対立させて考えることが多いです。

　第二言語習得とは、目標言語の使用を通して、ある「意味」をどのような「形式」で表すのか、またその反対に、ある「形式」はどのような「意味」を表すのかを学ぶこと、すなわち、意味と形式を**マッピング**（mapping：結びつけ）することです。たとえば、日本語では「動作の進行」を「テイル」で表しますが、「テイル」にはその他の意味もあります（「落ちている」のような結果の状態など）。学習者の頭の中で起こる意味と形式のマッピングには「動作の進行」をどのような形式で表すのかという方向のマッピング（意味から形式へのマッピング）もあれば、「テイル」はどのような意味を表すのかという方向のマッピング（形式

90　　第6章　言語適性と指導方法の適合

から意味へのマッピング）もあります。このようなマッピングを促進することが指導において重要になります。

■フォーカス・オン・フォームという考え方

　ロングの三つの分類のうち、フォーカス・オン・フォームズは文法を積み上げていく**構造シラバス**（structure syllabus）に基づいた指導など、言語形式の学習が主目的の指導です。この指導では形式を言語使用から切り離して指導するため、意味と形式のマッピングを効果的に促進することが難しいことがわかっています。それに対して、フォーカス・オン・ミーニングは意味の伝達を重視する指導で、第二言語だけで教科を学習する**イマージョン教育**（immersion）などが該当します。この指導においては意味だけに焦点が当てられ、形式に注目させるような指導は行われません。そのため、聴解や読解能力は非常に伸びるけれど、発話や作文において文法的な正確さに欠けるという問題が見られました。

　フォーカス・オン・フォームはこのような問題を背景にして出てきた考え方です。フォーカス・オン・フォームでは、フォーカス・オン・ミーニングやフォーカス・オン・フォームズのように意味と形式のどちらか一方ではなく、意味を中心にしながら形式にも焦点を当てます。言語の使用を通して、言語を習得させることを目指す「**タスク中心の指導**（task-based language teaching）」や、教材の内容を理解する中で言語も学習する「**内容中心の指導**（content-based instruction）」は、フォーカス・オン・フォームを実現できる指導です。これらの指導では、タスクをする、あるいは内容を理解するといった意味の伝達を目的とした活動の中で、必要に応じて言語形式に注意を向けさせることが可能です。そのため、意味と形式のマッピングを効果的に促進できると考えられています。

■フォーカス・オン・フォームの指導テクニック

　前項で説明したように、フォーカス・オン・フォームというのは指導

3. さまざまな指導方法　　91

方法ではなく、指導についての考え方です。この考え方に基づく具体的な指導テクニックにはどのようなものがあるのか説明します。表6-1はフォーカス・オン・フォームの指導テクニックをまとめたものです。

表6-1　フォーカス・オン・フォームの指導テクニック[9]

	手　　　法	説　　　　　明
1	インプット洪水	特定の言語形式のインプットを集中的に数多く与える。
	タスク・エッセンシャルネス	特定の言語形式を用いなければ伝達の目的が達成できないタスク。
2	インプット強化	文字のフォントを変えるなどの方法で、インプット中の特定の言語形式が目立つようにする。
	ネゴシエーション	学習者の誤用に対し教師がすぐに正用を示すのではなく、「明確化要求」や「誤用部分の繰り返し」などを行って自己訂正を促す。
3	リキャスト	学習者の誤りを明示的に訂正するのではなく、正しい形で言い直すだけの暗示的訂正フィードバック。
	アウトプット強化	繰り返し要求などで強制的にアウトプットさせる。
4	インタラクション補強法	特定の言語形式を使う場面を設定し、教師と学習者でロールプレイを行う。その中でリキャストやアウトプット強化のテクニックを用いてインタラクションを続けていく。最後に明示的に説明を加える。
5	ディクトグロス	教師が読み上げたテキスト（焦点を当てたい言語形式を含んでいる）を、メモや記憶をもとにできる限り正確にペアまたはグループで再構築させる。
	コンシャスネス・レイジングタスク	文法問題をペアやグループで行わせる。
6	インプット処理指導	簡単な文法説明をしてから、対象項目を処理する必要がある理解中心のタスクを行う。
7	ガーデンパス	故意に学習者が規則を一般化して間違えるようにしておき、間違えたときに、それを即座に訂正する。

　1～7の数字は、意味から言語形式への注意の向けさせ方、すなわち、

9　Doughty & Williams（1998）をもとに作成

92　　第6章　言語適性と指導方法の適合

フォーカス・オン・フォームの自然さを表しています。たとえば、1の**「インプット洪水 (input flood)」**は、学習者に授受表現（やりもらい表現）を学習してほしいときに、授受表現をたくさん含む文章を読ませるというような指導です。インプットを集中的に与えるだけで、教師が目標となる言語形式の説明はしません。学習者の注意を強引に言語形式に注意を向けさせていないので、自然なフォーカス・オン・フォームの指導テクニックといえます。それに対して、たとえば6の**「インプット処理指導 (input processing instruction)」**は文法説明を含んでいますから、「インプット洪水」と比べると言語形式への注意の向けさせ方があまり自然ではありません。

　1～3の指導テクニックには明示的な説明が含まれていませんが、4以降の指導には含まれています。教師が言語形式について説明する指導を**「明示的 (explicit)」**、まったく説明のない指導を**「暗示的 (implicit)」**といいます。

　表6-1は、フォーカス・オン・フォームにはさまざまな指導テクニックがあること（自分で考案することもできます）、テクニックによって言語形式への注意の向け方の程度が異なることを理解してもらうために示したものです。各指導テクニックがどのようなものであるかを覚えるより、フォーカス・オン・フォームという考え方を理解することが重要です。

4.　指導方法と言語適性の関係に関する理論

　それでは、ロビンソンの仮説について説明します。ロビンソンが提示しているのは2節で説明した適性処遇交互作用に基づく階層性のあるモデルで、どのような言語適性を持つ学習者がどのような指導から恩恵を受けられるかが図式化されています[10]。そこで取り上げられているのは**「リキャスト (recast)」**、**「付随的学習 (incidental learning)（音声材料）」**、**「付随的学習（書記材料）」**、**「明示的文法学習」**の四つですが、ここでは

10　Robinson (2002a, p. 119)

4. 指導方法と言語適性の関係に関する理論　93

フォーカス・オン・フォームの指導テクニックの一つであるリキャストを例としてロビンソンの考え方を説明します。

図 6-2　リキャストの適性

　リキャストは学習者の誤りを明示的に訂正する（間違っていることを言葉にして伝える）のではなく、正しい形で言い直すだけの暗示的**訂正フィードバック**（corrective feedback）です。たとえば、食事に行ったことを話している学習者が「料理はおいしいじゃなかったです。」と言った場合に、「そうですか。料理はおいしくなかったですか。」というように正しい形式で言い直すフィードバックです。図 6-2 にはリキャストの適性として、すぐ下の階層に「ギャップに気づく能力」（自分の中間言語と目標言語とのギャップに気づく能力）と「発話を記憶する能力」が示されています。つまり、誤りを言い直されるだけの暗示的なフィードバックから学ぶためには、これらの能力が重要だということです。そして、この二つの能力がさらに下位の能力に影響されていることが示されています。ギャップに気づく能力は「知覚速度」と「パターン認知」に関係があり、発話を記憶する能力は「音韻的ワーキングメモリ容量」と「音韻的ワーキングメモリ速度」に関係があるとされています。つまり、リキャストから学習するためには、目標言語とのギャップに気づいて、発話を記憶することが必要であるけれど、ギャップに気づくかどうかはインプットを知覚する速度やインプット中のパターンを認

94　第6章　言語適性と指導方法の適合

知する能力に影響され、発話を記憶できるかどうかは音韻的ワーキングメモリの容量や処理速度に影響されるということです。このような能力が高い学習者はリキャストから効果的に学べるとロビンソンは考えています。しかし、これらすべての能力が高くないとリキャストの効果が期待できないと主張しているわけではありません。

　以上、リキャストを例として、指導と適性との関連について説明しましたが、ロビンソンのモデルでは、指導テクニックごとに異なる適性が想定されています。つまり、リキャストから学ぶことができる学習者と、文法説明のある明示的指導から学ぶことできる学習者は、それぞれ異なる適性を持っているという主張です。これを教育的な観点から見ると、指導の効果を上げるためには、学習者の適性の強みと指導方法を適合させることが重要であるといえます。

5.　言語適性によって異なる指導効果

　4節で説明したロビンソンのモデルは仮説であり、すべてが実証されているわけではありません。それでは、言語適性と指導方法の関係はどの程度明らかになっているのでしょうか。言語適性という要因を組み込んで複数の指導の効果を比較する実験研究は非常に難しく、現時点では実証研究がそれほど多く行われているわけではありません。本節ではロビンソンが行った二つの研究を含め、いくつかの研究を紹介しながら、これまでにわかっていることの概要を確認します。

■明示的条件・暗示的条件・ルール発見条件・付随的条件の場合

　ロビンソンの一つ目の研究は中級英語学習者を対象とした研究[11]です。日本語、韓国語、中国語をそれぞれ母語とする学習者を、「暗示的条件（文を記憶する学習）」、「付随的条件（文の意味を理解する学習）」、「ルール発見条件（提示された文からルールを発見する学習）」、「文法指

11　Robinson（1997）

導条件（初めに文法説明を受ける明示的演繹的学習）」の四つの学習条件に配置して、英語文法の学習を比較しました。適性は英語版MLAT（Modern Language Aptitude Test）の「文中の単語（文法的敏感性のテスト）」で測定されました。適性と英語テストの得点との関係を分析した結果、四つの条件のうち、暗示的条件、ルール発見条件、文法指導条件の3条件では適性が高い学習者ほどテスト得点が高いという関係が見られましたが、付随的条件においてはその関係が見られませんでした。

　付随的条件において起こる学習を**付随的学習**といいます。これは意味理解を目的とした活動の中で、それに付随して学習者の注意が形式にも向き（意識的に向く場合も、無意識的に向く場合もあります）、学習が起こることを指します。私たちが本を読んだり、講義やニュースを聞いたりすることを通して、自然に語彙や表現を覚えていくのは付随的学習です。ロビンソンの研究から、付随的学習には適性テストで測定できるような適性はあまり関係がないといえるかもしれません。しかし、この研究は英語を母語としない学習者の適性を英語版のMLATを使って測定しているので、この結果が本当に信頼できるものであるかどうか、他の研究の結果と比較することが必要です。

　ロビンソンの二つ目の研究[12]は日本語母語話者だけを対象にして行われました。実施したテストに関して一つ目の研究と異なるのは、日本語母語話者用の適性テスト[13]を用いて適性を測定していることと、ワーキングメモリを測定していることです。学習者は「明示的条件（一つ目の研究の文法指導条件と同じ、文法説明のある指導）」、「暗示的条件」、「付随的条件」の3条件でサモア語を学習しました。適性と学習条件との関係を分析した結果、明示的条件、暗示的条件では適性が高い学習者はテスト得点が高いという関係がありましたが、付随的条件では関係がありませんでした。これは一つ目の研究の結果と同じです。一方、新たに測定したワーキングメモリは付随的条件だけに相関がありました。

12　Robinson（2002b）

13　Language Aptitude Battery for the Japanese（LABJ）

96 第6章 言語適性と指導方法の適合

　以上のように、ロビンソンの二つの研究から、明示的条件、暗示的条件、ルール発見条件での学習には適性が関わっていること、また、付随的学習にはワーキングメモリが関係していることがわかりました。付随的学習に関しては、他の研究でもワーキングメモリとの関係が示されているので、付随的学習にはワーキングメモリが関与しているといえそうです。

　次に、オランダ人大学生を対象として文法説明のある明示的指導と文法説明のない暗示的指導における学習を比較したデ・グラーフの研究[14]を紹介します。この研究ではオランダ語版MLAT（文法的敏感性のテストと連合記憶のテスト）で適性を測定し、人工言語の学習と適性との関連を調べました。その結果、この研究においても、明示的指導、暗示的指導の両方でテスト得点と適性に関連があることが示されました。

　ロビンソンやデ・グラーフの研究から、適性、特に言語を分析する能力は、文法説明がある明示的な指導条件だけでなく、文法説明がない暗示的な指導条件においても必要となる能力だと考えられます。これは第5章で紹介した研究[15]で、文法説明をしない意味重視の指導環境で言語分析能力が重要であったという結果が得られていることからも裏付けられるでしょう。

■リキャストの場合

　それでは、前節でロビンソンの理論を説明する際に取り上げた**リキャスト**についてはどのようなことがわかっているのでしょうか。まず、どのような学習者がリキャストに気づきやすいのかを検討したマッケイ他の研究[16]を紹介します。マッケイらは、日本人大学生の英語学習者を対象にして、リキャストの気づきがワーキングメモリや音韻的短期記憶とどのように関わっているか調べました。疑問文に誤用があったときにリ

14　de Graaff（1997）

15　向山（2009）

16　Mackey, Philp, Egi, Fujii & Tatsumi（2002）

キャストするという指導実験ですが、ワーキングメモリや音韻的短期記憶の得点が高い学習者の方がリキャストに気づいていたことが明らかになりました。

リキャストによる学習効果もハンガリーの高校生の英語学習を対象として研究されています[17]。この研究では、誤用に対しリキャストされるグループとリキャストされないグループを比較しました。その結果、リキャストグループにおいてはワーキングメモリや音韻的短期記憶が優れている学習者ほどリキャストからたくさん学んでいたことが示されました。

マッケイの研究ではリキャストされた項目を学習できたかどうかは調べていませんが、学習が起こる前提としてリキャストに気づかなければなりませんから、リキャストのような暗示的フィードバックから効果的に学ぶためにはワーキングメモリや音韻的短期記憶が優れていることが重要だといえるでしょう。

6. おわりに

本章では、言語適性と指導方法との関連について、適性処遇交互作用という考え方や、それに基づくロビンソンの理論などを説明した上で、言語適性と指導テクニックや学習条件との相互作用に関する研究を紹介しました。

第5章で説明した適性と学習段階との相互作用と同様、適性と指導方法との相互作用もまだ十分に明らかになっているとはいえません。しかし、本章で取り上げた研究の結果から考えると、適性と指導方法に関連があるのは確かなようです。ただし、指導方法Aと関係のある適性はこれ、指導方法Bと関係のある適性はこれ、というように明確に切り分けられるものではなく、どのような指導にどのような適性が重要なのかは程度の問題です。たとえば、付随的学習やリキャストにはワーキング

---

17 Révéz (2012)

98　　第6章　言語適性と指導方法の適合

メモリが関わっていると述べましたが、ワーキングメモリは付随的学習やリキャストだけでなく、どのような指導を受ける場合にも重要です。

　教室にはさまざまな適性を持つ学習者が集まっていますから、すべての学習者に合ったクラス授業を行うことはできません。しかし、学習者をよく観察し、学習者の適性に応じた支援をクラス授業にプラスしていくことは十分に可能です。教師にはより良い教育を実現するための工夫が求められます。

■確認問題

　次の文が正しいか正しくないかを答えてください。

(1)　効果的な指導はどのような学習者にも同じように効果を示す。

(2)　リキャストというのは明示的なフィードバック方法である。

(3)　ワーキングメモリ容量が多い人ほど読書中に新しい言葉を覚えられる可能性が高い。

(4)　外国語の音声を繰り返すことが得意な人は、リキャストからより多く学ぶことができる。

(5)　フォーカス・オン・フォームというのは指導テクニックの一つである。

(6)　文法説明が含まれている指導は明示的な指導である。

(7)　形式と意味のマッピングは、常にある形式がどのような意味を持つかという方向で行われる。

(8)　適性処遇交互作用は、学習者の適性によって効果的な指導方法が異なるという考え方である。

(9)　言語分析能力はどのような学習条件においても重要である可能性が高い。

(10)　フォーカス・オン・フォームズは、意味中心の指導において必要に応じて形式にも注意を向けさせる指導である。

■ポストタスク1

耳から聞いた未知の音（新しい語彙や表現）を繰り返すのが苦手な学習者の学習を助けるために、どのような方法が考えられますか。また、言語分析能力が弱い学習者に対してはどうでしょうか。

■ポストタスク2

ある人が「言語適性が低い学習者は外国語学習に成功しない」という意見を言ったとしたら、あなたはその意見に賛成しますか、反対しますか。それはどうしてですか。

■さらに知りたい人のための読書案内

①小柳かおる（2004）『日本語教師のための新しい言語習得概論』スリーエーネットワーク.

☞第二言語習得についての基本的知識がないと少し難しいですが、適性や指導方法について書いてある章もあり、非常に参考になります。

②村野井仁（2006）『第二言語習得研究から見た効果的な英語学習法・指導法』大修館書店.

☞英語教育についての本ですが、第二言語習得理論に基づく効果的な指導方法がわかりやすく解説されています。日本語教育にも応用可能なので、指導を考える際に役に立ちます。

■参考文献

安藤寿康・福永信義・倉八順子・須藤毅・中野隆司・鹿毛雅治（1992）「英語教授法の比較研究―コミュニカティヴ・アプローチと文法的・アプローチ」『教育心理学研究』40，247-256.

日本語教育学会（1991）『日本語テストハンドブック』大修館書店.

向山陽子（2004）「意味重視の指導に文法説明を組み込むことの効果―連体修飾節を対象として―」『第二言語としての日本語の習得研究』7，100-120.

100   第6章 言語適性と指導方法の適合

向山陽子（2006）「学習者は文法説明を受けなくても連体修飾節のルールを学習できるか－中国人学習者を対象にして」『言語文化と日本語教育』32，20-29.

向山陽子（2009）「第二言語習得において学習者の適性が学習成果に与える影響－言語分析能力・音韻的短期記憶・ワーキングメモリに焦点を当てて」『日本語科学』25，67-90.

Cronbach, L. J. (1957). The two disciplines of scientific psychology, *American Psychologist, 12*, 671-684.

de Graaff, R. (1997). The Experanto experiment: Effects of explicit instruction on second language acquisition. *Studies in Second Language Acquisition, 19*(2), 249-297.

Doughty, C. & Williams, J. (1998). Pedagogical choices in focus on form. In C. Doughty & J. Williams (Eds.), *Focus on form in classroom second language acquisition*(pp. 197-261). Cambridge: Cambridge University Press.

Long, M. H. (1991). Focus on form: A design feature in language teaching methodology. In K. de Bot, R. Ginsberg & C. Kramsch (Eds.), *Foreign language research in cross-cultural perspective*(pp. 39-52). Amsterdam: John Benjamins.

Mackey, A., Philp, J., Egi, T., Fujii, A. & Tatsumi, T. (2002). Individual differences in working memory, noticing of interactional feedback and L2 development. In P. Robinson (Ed.), *Individual differences and instructed language learning*(pp. 181-210). Amsterdam/ Philadelphia: John Benjamins.

Révész, A. (2012). Working memory and the observed effectiveness of recasts on different L2 outcome measures. *Language Learning, 62*, 93-132.

Robinson, P. (1997). Individual differences and the fundamental similarity of implicit and explicit adult second language learning. *Language Learning, 47*, 45-99.

Robinson, P. (2002a). Learning conditions, aptitude complexes and SLA: A framework for research and pedagogy. In P. Robinson (Ed.), *Individual differences and instructed language learning*(pp. 113-136). Amsterdam/ Philadelphia: John Benjamins.

Robinson, P. (2002b). Effects of individual differences in intelligence, aptitude and working memory on adult incidental SLA: A replication and extension of Reber, Walkenfield and Hernstadt (1991). In P. Robinson (Ed.), *Individual differences and instructed language learning*(pp. 211-266). Amsterdam/ Philadelphia: John Benjamins.

Wesche, M. B. (1981). Language aptitude measures in streaming, matching students with methods, and diagnosis of learning problems. In K. C. Diller (Ed.), *Individual differences and universals in language learning aptitude*(pp. 119-154). MA: Newbury House.

第7章

ビリーフ

どんな勉強をしたら外国語が上手になると思う？

■プレタスク1

外国語を学ぶうえで効果的（または、あまり効果的ではない）と思う学習方法は何ですか。あなたが教師なら、効果的（または、あまり効果的ではない）と思う指導法、活動はどのようなものでしょうか。グループで話し合ってみましょう。

■プレタスク2

プレタスク1で挙げた学習方法や指導方法について、効果的（または、あまり効果的ではない）と思ったのはなぜでしょうか。あなたがそう考えるようになったきっかけや理由がありますか。グループで話し合ってみましょう。

1. はじめに

みなさんが外国語の学習を進めるうえで効果的と考える学習方法はどのようなものでしょうか。またはあなたが日本語教師なら、どのような指導法が効果的だと考えますか。プレタスク1で話したことを思い出してください。外国語が上手になるためには、「語彙を増やすことが大切だ」と考える人もいるでしょうし、「文法を完璧に使えるようにならなければならない」とか「とにかくネイティブとたくさん話したほうがい

102　　第 7 章　ビリーフ

い」などという人もいるかもしれません。このように、学習者や教師が
言語学習や言語教授について抱いている信念を**ビリーフ**（beliefs）と呼
びます。

　ビリーフは、第二言語習得に影響を与える個人差要因の一つであり、
教師の教授行動にもかかわっています。第 7 章では、学習者と教師それ
ぞれが持つビリーフについて紹介しながら、両者のビリーフのずれが生
む問題やその対応について考えていきます。

2.　学習者のビリーフと学習ストラテジー

　ビリーフ研究が始まった背景には、1970 年代に起こった第二言語教
育に関する教育観の転換があります[1]。それ以前に主流をなしていた教師
主導の授業では、知識を受け取る器として学習者を捉え、その器に効率
よく正確に知識を入れ込むことに注力してきました。しかし、実際には
学習者は、教師に教えられたとおりに学ぶわけではなく、それぞれの学
習目的や考え方、学習方法などを持って授業に臨んでいます。そのため
1970 年代以降、学習者を受動的な存在として捉える教師主導の学習観
から、学習者を能動的な存在として捉える学習者中心の学習観へとパラ
ダイム・シフトが起こりました。そして、その一連の教育観の転換のな
かで、**学習ストラテジー**（learning strategies）などの学習行動に影響を
与える要因としてビリーフが注目されるようになったのです。

　みなさんは、同じ教室で同じ授業を受けているのに、学習がうまく進
む人とそうでない人がいるのはなぜだと思いますか。第二言語習得に成
功している学習者のことを**優れた言語学習者**（good language learner）
と呼びますが、この「優れた言語学習者」の特徴の一つとして、学習ス
トラテジーの使用が挙げられます[2]。オックスフォードという研究者は、
学習ストラテジーを「学習をより易しく、より早く、より楽しく、より
自主的に、より効果的に、そして新しい状況に素早く対処するために学

1　海野・張・秋山・野村（2004）

2　Rubin（1987）

習者がとる具体的な行動である」と定義しています[3]。たとえば、学習者がある単語を覚えようとするときに、その単語を絵やイメージに結びつけて覚えたり、似ている単語をグループ化して覚えたりすることがあります。これらは、単語を記憶するための学習ストラテジーの例です。このほかにも、自分で学習目標・計画を立てそれを評価する、教師に質問をする、学習者同士で協力して学ぶなど学習ストラテジーにはさまざまなものがあります。学習ストラテジーの詳しい分類についてはここでは省きますが、第二言語学習に成功するためには、一つの学習ストラテジーに頼るのではなく、さまざまな学習ストラテジーを身に着けることが必要だといわれています。

　そして、この学習ストラテジーにはビリーフが影響を与えています。1980年代に行われた初期のある研究では、成人の英語学習者に対するインタビューを行い、第二言語を学ぶ最も良い方法についてのビリーフを調査しています[4]。調査結果から、学習者のビリーフは大きく以下の三つのカテゴリーに分かれることが示されました。

(1)　言語使用
(2)　目標言語の学習
(3)　個人要因の重要性

　(1) は、できるだけ第二言語を使うこと、目標言語が話されている環境で生活すること、間違いを気にしないことなど実際の第二言語使用が重要だと考えるビリーフです。(2) は、文法や語彙の力を積み上げること、正式な外国語学習コースで学ぶことなどが大切だと考えるビリーフです。(3) は、適性や感情などの個々人の要因が第二言語学習に強い影響を与えるというビリーフです。そして、それぞれのビリーフと学習ストラテジーのあいだには一部関連が見られたことも報告されています。

3　Oxford (1991)、定義の訳は、宍戸・伴（オックスフォード 1994, p. 8）による。
4　Wenden (1987)

104　第7章　ビリーフ

(3)「個人要因の重要性」に関するビリーフを持つ学習者には、特に顕著な特徴は見られなかったのですが、(1)「言語使用」に関するビリーフを持つ学習者は、伝えたいことに関する単語や表現が出てこない場合、別の簡単なことばで言い換える、ジェスチャーを使うなどのストラテジーを使って、コミュニケーションを円滑にしていました。また、(2)「目標言語の学習」に関するビリーフを持つ学習者は、単語の意味を予測する、母語と比較したり翻訳したりするなどの分析や推論のストラテジーを多く使う傾向が見られました。

　このように、ビリーフは学習ストラテジーの選択と使用に影響を与えており、学習ストラテジー使用の実態を理解するためには、ビリーフを明らかにする必要があるといわれています[5]。学習者がなぜその学習方法を好むのか、なぜ特定の学習方法を回避するのかを知るためには、その学習行動の奥にあるビリーフを理解する必要があるということです。

3.　学習者が持つビリーフ

　ビリーフに関する初期の研究で有名なのは、BALLI (Beliefs About Language Learning Inventory) という質問紙を用いた研究です。BALLIを用いた米国の大学生に対する調査からは、学習者が第二言語習得に対して非現実的な期待を持ったり、視野が狭くなってしまったりすることがあることが報告されています。たとえば、学習者のなかには、学習を始めて2年かそれ以下の歳月で第二言語に習熟できると根拠なく思い込んでしまったり、第二言語学習は翻訳ができればいいと狭くとらえてしまったりする人もいます[6]。このようなビリーフは、学習方法の幅を狭めてしまったり、現実とのギャップによる失望感を招いてしまったりという結果につながりかねません。そのため、学習を促進するためには、第二言語学習の阻害要因となっているビリーフを取り除くことが必要となります。

5　Rubin (1987)

6　Horwitz (1988)

1990 年代以降、日本語教育の分野においても、さまざまな国・地域においてビリーフ研究が行われるようになりました。この背景には、日本語学習者数の増加、多様化に伴って、教育対象となる学習者に受け入れられやすい教授法や教室活動を模索する必要が生じたことがあります。たとえば、香港の大学で学ぶ日本語学習者を対象としたビリーフ調査があります[7]。この調査は、日本国内の大部分の日本語教育機関が採用しているコミュニカティブ・アプローチは中国人学習者には適さないのではないかという疑問から、中国人学習者に受け入れられやすい教授法や教室活動を検討するための基礎データを収集する目的で行われたものでした。調査結果から、学習者は反復・暗記学習や文法の学習を重視しており、教師主導の授業方法を支持していることが示されました。そして、この結果に基づいて、暗記学習に強いという学習者の特性を最大限に生かした教授法を採用しつつ、学習を阻害する可能性があるビリーフや現在の教授法の問題点を認識させ、徐々に新しいビリーフや教授法を導入していくという、統合案が提案されています。

いくら教師が良いと考えても、新たなシラバスや教材、活動が学習者のビリーフにそぐわなかったり、あまり馴染みのないものであったりする場合、学習者から反発を受け、結局、以前の指導方法に戻らざるを得ないという事態になりかねません。したがって、新しい教授法の導入を成功させるためには、教材や教室活動の開発のみならず、学習者の持つビリーフへの対応も必要となるといえます[8]。

4. 教師が持つビリーフ

学習者と同じく、教師もそれぞれのビリーフを持っています。そして、教師が持つビリーフは、教室での教え方や態度、教師の意思決定などに影響を与えているといわれています[9]。もちろん、教師にはそれぞれ

7　板井 (2000)

8　岡崎 (1996)

9　Borg (2001)、Williams & Burden (1997)

106 　第7章　ビリーフ

の教育現場で決められた教育方針やカリキュラム、教材などの制約があり、教師個人が持つビリーフがそのまま教授行動に反映されるわけではありません。しかし、教師のビリーフは、教室での行動に関与するだけではなく、自らの教育実践を評価する指標ともなっていると指摘されています。たとえば現職日本語教師が持つ「良い日本語教師像」を調査した研究からは、知識や指導技術を持っていることに加えて、情熱をもって教えていることや学習者の学習・生活上の不安を取り除くことなどが「良い日本語教師」の条件として挙げられています[10]。またこれらの条件を満たしているかどうかが日々の授業実践を評価する際の基準となっていたと述べられています。

　ビリーフは、このように広く教育活動に影響を与えることから、教師は自身のビリーフを客観的に把握しておく必要があります。特に、なぜ特定の教え方を選択するのか、またはなぜ選択しないのかという問題を考える際には、教師は自己のビリーフと対峙せざるをえません[11]。そして、自分が持つビリーフが教室指導やその評価にどのような影響を及ぼしているかを考えることは、自己の教育を振り返り、改善していく一つのきっかけになると考えられます。

　ところで、教師のビリーフは、出身国・地域の教育に対する考え方や制度、過去の学習経験、教員養成課程で受けたトレーニング、指導経験などさまざまな要因から影響を受けて形成されますが、このなかでも特に過去の学習経験は大きな影響を与えています[12]。教師は教師になる前に、すでに学習者として多くの授業を受けており、さまざまな教え方を観察、体験しています。そのため、過去に自分が受けた授業の方法や活動を真似る傾向があるといわれています[13]。これは、**観察の徒弟制**（apprenticeship of observation）と呼ばれる現象で、たとえば、練習問題

10　八木（2004）
11　岡崎（1999）
12　Lortie（1975）、Vélez-Rendón（2002）
13　Numrich（1996）

や暗記を通して外国語を学習してきた教師ほど、自身の授業で文法説明や翻訳活動などを行う傾向があり、リスニングや自己表現活動などを通して学んできた教師ほど、その活動を多く取り入れることが報告されています[14]。

しかし、このように常に過去の経験に縛られるのであれば、教員養成課程で受けるトレーニングや現職教師向けの研修会は、教師が新たな教え方を身に着けるうえで大きな意味を持たないことになってしまいます。そのような結果に陥らないようにするためには、教師が過去の学習経験を意識的なレベルに引き出して検討することが必要になります。多くの教師は、学生時代に培ったビリーフに無自覚だと思いますが、教師自身が自らのビリーフを自覚しないうちは、新しい教授理論や指導技術を学んだとしても、表面的な理解に留まってしまい、教育実践を変化させるまでには至らない可能性があります。特に、自分が学習者としてあるいは教師として、長年慣れ親しんできたビリーフと大きく異なる指導法については、最初から相容れないもののように感じたり、直感的に否定してしまったりすることがあるといわれています[15]。教師が教員養成課程や教師研修などを通して新たな教授法を身に着けていくためには、授業観察や授業日誌、他の教師との話し合いなどを通して、自らのビリーフを**内省**（reflection）することが必要です[16]。

その他に、教師自身が学習者として新しい教授法を体験してみることも有効な方法です。たとえば、ノンネイティブ日本語教師を対象とした教員研修において、これまでと異なる指導法による学習体験を積むことによって、学習・教授双方に関するビリーフが変化した事例が報告されています[17]。教師は学習者として研修を受講しながらも、教師としての視点で授業を観察しています。そのため、自らの学習体験を通じて効果

14　Izumi, Miura, & Machida (2016)

15　岡崎（1996）

16　岡崎（1999）、Vélez-Rendón (2002)

17　横山（2007）

108　第7章　ビリーフ

的な学習方法を学ぶだけではなく、指導方法についても多くの気づきを得ているのです。現実には、教師が学習者の立場に戻って外国語の授業を受講するという経験をすることは、あまり多くないかもしれません。しかし、教師が外国語を学ぶ経験をすることは、過去の学習経験を超えて新たな学習方法、指導方法を獲得するための有効な方法です。教師自身が学び続ける姿勢を保つこと、ときには自ら外国語学習を経験してみることによって、ビリーフに変化がもたらされたり、新たな指導のヒントが得られたりする可能性があります。

5.　ビリーフの相違に対する対処
■学習者間のビリーフの相違

　学習者のビリーフは、母国の教育方針や教育に関する伝統、これまでの学習経験などから影響を受けて形成されます。近年、日本語学習者の出身地域や国、母語はますます多様化しており、それに伴って教師に求める役割や教授法に関する学習者のビリーフもまた多様化しているといえます。たとえば、世界各国の日本語学習者の文法学習・語彙学習に対するビリーフを比較した研究からは、地域によって学習者の考え方に違いが見られることが報告されています[18]。具体的には、文法・語彙学習のどちらも大切だと答える地域、どちらかを重視する地域に分かれました。この調査結果から、文法や語彙のシラバス・教材作成においては、こういった地域の違いに注意する必要があると述べられています。学習者のビリーフと異なる、新しいコンセプトのシラバスや教材を導入する際には、なぜその教材、活動を取り入れるのかについて、わかりやすく説得力がある説明が必要となるということです。

　また、ある国・地域で広く受け入れられている教材や教え方が他の教育現場でも効果的に働くとは限りません。教師には、既存の教材や教え方をそのまま授業に取り入れるのではなく、学習者のビリーフを考慮し

18　阿部 (2014)

ながら、再度、授業を構築する力が求められます。

■学習者と教師のビリーフの相違

　教室活動や教師の役割などについて、教師と学習者の考え方が一致している場合は、問題ないのですが、実際には両者が異なる考えを持っていることは多々あります。しかし、教室活動や授業の進め方などについて、教師と学習者のビリーフが異なる場合、学習者の満足度が低下し学習の中断を招く可能性さえあります[19]。これまでの調査からは、教師と学習者のあいだでビリーフの乖離が起こりやすい点として、(1) 教室活動 (2) 文法学習と誤用訂正 (3) 教室における教師と学習者の役割が挙げられています[20]。たとえば、教師はゲームやグループワークを有意義な活動と考え、積極的に授業に取り入れている場合でも、学習者のほうは文法規則や語彙学習により多くの時間を割くべきだと考えていることもあります[21]。また、誤りの訂正は全面的に教師の役割だと考える学習者と、学習者の自己訂正も必要と考える教師のあいだでビリーフの相違が見られたという報告もあります[22]。

　これ以外にも、学習者と教師のあいだには教室活動に関するさまざまなビリーフの相違があり、授業を進めるうえでは何らかの対処を迫られる場合があります。これまでの研究から、学習者と教師のビリーフが異なる際には、以下のような選択肢があるといわれています[23]。

(1)　学習者のビリーフに教師が合わせる。
(2)　学習者のビリーフの変容を促すような取り組みを行う。

19　Kern (1995)、Schulz (1996)
20　Barcelos (2006b)
21　Nunan (1995)
22　McCargar (1993)
23　岡崎 (1996)

110 第7章 ビリーフ

　(1) に関しては、多様なビリーフを持つ学習者が教室に混在する場合や特定の教育方針が決まっている場合には、完全に授業を個々の学習者のビリーフに合わせることは難しいでしょう。しかし、学習者のビリーフを尊重しながら活動方法の一部を調整し、より教育対象となる学習者に適した形で活動を実施することはできます。例として中国人学習者の特性に合わせたピア・レスポンスの実施方法を模索した作文授業の実践が報告されています[24]。ピア・レスポンスとは、学習者同士がお互いに書いた作文を読み合い、意見交換しながら作文を完成させていく活動です。ピア・レスポンスは、従来の教師添削中心の作文活動とは異なる協働的な指導法ですが、アジア系学習者の場合は「仲間ではなく教師に教えてもらいたい」という意識が強く、ピア・レスポンスに否定的であるという調査結果もあります[25]。この授業実践では、中国人学習者を対象に、ピア・レスポンスを実施し、活動前後の学習者のビリーフの変化をみました。結果として、学習者はピア・レスポンスのすべてに否定的であるわけではなく、活動の実施方法を一部、学習者の特性に合わせることによって、改善策が得られる可能性が示されました。具体的には、①互いの作文についてコメントする際に、記述ではなく直接話し合う方法をとること、②ピア・レスポンスの意義を学習者に説明すること、③教師の介入を取り入れることの3点が提案されています。ピア・レスポンス自体は、西欧圏の教育から生まれた教授法ですが、教育対象となるアジア圏学習者のビリーフを考慮し、実践方法を再構築することによって、授業を成功に導ける可能性があることが示唆されています。

　また、学習者が持つビリーフが学習の阻害要因となっている場合は、(2) のように、教師がそのビリーフに介入していくという方法も考えられます。たとえば、これまでに自律的学習ができるようになることを目指し、教師主導を好む学習者のビリーフの変容を図った取り組みが報告

24　田中 (2005)

25　田中・北 (1996)

されています[26]。この実践では、質問紙や話し合い、学習日誌などを通じて自己のビリーフを自覚し、そのビリーフの適切性について考える活動を行いました。さらに、これまでと異なる学習方法を体験することで、多様な学習法による学習の有効性を実感させるという教室活動も取り入れています。結果として、学習者のビリーフには変容が見られ、教師の介入の有効性が示されました。ただし、その一方で、ビリーフそのものに働きかけるだけでは十分な変容が見られない場合があることも示されました。例としては、自己訂正に関して「間違いの訂正は教師がすべき」というビリーフを持つ学習者が「自己訂正も試みるべきだ」というように新しいビリーフを手に入れても、自己訂正の技術に習熟しなければ、実際の学習に反映しにくいことが挙げられています。ビリーフの種類によっては、ビリーフそのものに働きかけるだけではなく、学習スキルも同時に指導する必要があるといえます。

　教育現場では、教師と違うビリーフを持つ学習者、あるいは採用している教授法の教育理念と異なるビリーフを持つ学習者に出会うことがよくあります。自分と異なるビリーフを持つ学習者に出会った際に、それを完全に否定したり、逆に安易に受け入れたりするのではなく、常に教師自身が自己のビリーフや教え方を振り返りながら、学習者とのビリーフのずれに対処していくことが求められます。そして、そのような実践と振り返りのサイクルを繰り返すことこそが、その教育現場に適した指導法や教材の開発にもつながると考えられます。

■教師同士のビリーフの相違

　将来、みなさんが日本語教師として働く際には、他の教師と協力しながら、授業計画を立てたり指導したりするティーム・ティーチングを行うことがあるでしょう。一緒にティーム・ティーチングをする相手は、日本人同士のこともあればノンネイティブ教師であることもあると思い

26　齋藤（1998）

112　第7章　ビリーフ

ます。

　海外での日本語教育を例に取れば、各国の日本語学習者が年々増加している現状では、今後、日本国内の日本語教育機関が海外の日本語教育機関と共同で教材やカリキュラムの開発をすることやネイティブ教師とノンネイティブ教師が協働してそれに携わることも増えていくと考えられます。しかし、効果的な学習活動や教材、学習者との接し方などについて両者の考え方はときにすれちがうことが予想されます。また、ひとくちに海外といっても、国や地域によってノンネイティブ日本語教師の考え方や教授姿勢は異なり、その地域の現状を理解することが必要となります。これまで世界9地域におけるノンネイティブ日本語教師を調査した研究からは、教師のビリーフには大きく、言語構造に重きを置く「正確さ志向」（誤りの訂正、正確さ、文法説明などを重視）と運用に重きを置く「豊かさ志向」（第二言語の使用機会の確保、言語に加えて文化も教えることなどを重視）の二つが見られること、地域によって教師が持つビリーフが異なることが示されています[27]。特に、「正確さ志向」に関しては、北米、大洋州地域よりも、南アジア、中近東・アフリカ、東南アジア、東欧・ロシア地域の教師のほうが重視していることがわかりました。この背景には、北米、大洋州地域では、多文化教育のなかでの語学教育を重視する教育方針をとっていることがあるのではないかと推測されています。

　働く場所が国内であれ、海外であれ、それぞれの教育機関には、外国語教育に関する伝統と教育制度、そしてなにより現場の教師や学習者が持つビリーフがあります。教師の役割や授業の進め方、教材にしても自分の考え方だけにこだわっていては、他の教師と協力して働くことが難しくなります。教師同士、お互いのビリーフがどのような点で一致しているのか、また異なっているのか、忌憚のない意見交換を行い、考え方の相違を把握することは、現場での協力関係を築くための重要な一歩で

27　久保田（2006）

あるといえます。

6. おわりに

　ビリーフは、従来、安定的で固定化したものとして捉えられてきましたが、近年では、より流動的で可変的なものだと考えられています[28]。教師はビリーフを学習者の個人特性として捉えてしまいがちですが、学習者のビリーフは、教育環境や周囲の人びととの相互作用を通して、形成され、変化していくものでもあります。教師と学習者のビリーフにしても、両者は完全に独立しているわけではなく、授業活動を通じて相互に影響しあっています。そのため、両者のビリーフの衝突は、学習者に学習方法の変容を迫るだけでなく、教師の授業方法にも影響を与えます[29]。学習者が教師の考え方や授業の進め方から影響を受けるのと同じく、教師も学習者のビリーフを感じ取ることで何らかの変化や対応を迫られ、それが教室活動に影響を与えるのです。

　このように、ビリーフを流動的、相互作用的に捉える考え方は、ビリーフの問題を個人ではなく、教育のシステムの課題として捉える視点を提供します。授業中、教師が意図した通りに学習がなされない場合、学習者個人が持つビリーフだけにその問題があるのではなく、授業のデザインや進め方、教師の働きかけといった学習者を取り巻く教育環境にもその課題がある可能性があります。教師と学習者のあいだでビリーフの相違や対立が起きた際には、それを教育方法全体の改善の機会と捉え、対処していくことが大切です。

■確認問題

　以下の文章の空欄（ア）〜（カ）に適当なキーワードを書きましょう。
　効果的な第二言語学習に関する学習者のビリーフは、学習者の（ア）の選択・使用に影響を与えています。学習者がなぜ特定の学習方法を選

28　Barcelos（2006a）
29　Barcelos（2006b）

ぶのか、または選ばないのかを知るためには、その学習行動に影響を与えているビリーフを理解することが必要です。またビリーフは、教師の教授行動にも影響を及ぼしています。教師のビリーフの形成には、（イ）（ウ）（エ）などが関わりますが、特に、（イ）は大きな影響を与えているといわれています。教師は、自己の（イ）を振り返り、それが現在の教授行動や教師としての役割意識にどのような影響を及ぼしているか、考えてみる必要があります。また、教師が自身のビリーフに自覚的でないうちは、新しい教育理論や指導法を学んでも理解が深まらず、教育実践に変化を加えるまでには至らないともいわれています。教師が新たな指導法を身につけるためには、（オ）や（カ）などの方法を通して、自らのビリーフを内省することが必要です。

■ポストタスク1

あなたのこれまでの学習経験は、外国語の学習方法に関するビリーフにどのような影響を与えているでしょうか。また、あなたが教師なら、過去の学習経験は、指導方法に関するビリーフや実際の教え方にどのような影響を与えていると思いますか。

■ポストタスク2

あなたは、日本語教員養成課程の講義や現職教師向けの研修会などで、これまで知らなかった教授法理論や指導法に出会ったとき、戸惑いや抵抗を感じたことがありますか。そう感じた理由を考えてみましょう。

■さらに知りたい人のための読書案内

①笹島茂・サイモンボーグ（2009）『言語教師認知の研究』開拓社.
  ☞教師のビリーフを含む言語教師認知（language teacher cognition）の研究動向をまとめています。続編として、笹島茂・西野孝子・江原美明・長嶺寿宣（編）（2014）『言語教師認知の動向』開拓社も出版されています。

②横山紀子（2008）『非母語話者日本語教師再教育における聴解指導に関する実証的研究』ひつじ書房.

☞海外の教育機関で教えるノンネイティブ日本語教師に対する再教育を行い、聴解学習・指導に関する教師のビリーフの変化を考察しています。

■参考文献

阿部新（2014）「世界各地の日本語学習者の文法学習・語彙学習についてのビリーフ―ノンネイティブ日本語教師・日本人大学生・日本人教師と比較して―」『国立国語研究所論集』8, 1-13.

板井美佐（2000）「中国人学習者の日本語学習に対する BELIEFS について―香港4大学のアンケート調査から―」『日本語教育』104, 69-78.

海野多枝・張美淑・秋山佳世・野村愛（2004）「資料編：第二言語学習ビリーフ研究に向けての基礎調査（第二言語の教育・評価・習得）」『言語情報学研究報告』5, 285-319.

岡崎眸（1996）「教授法の授業が受講生の持つ言語学習についての確信に及ぼす効果」『日本語教育』89, 25-38.

岡崎眸（1999）「学習者と教師の持つ言語学習についての確信」宮崎里司・J. V. ネウストプニー（編）『日本語教育と日本語学習―学習ストラテジー論にむけて―』(pp. 147-158) くろしお出版.

久保田美子（2006）「ノンネイティブ日本語教師のビリーフ―因子分析にみる『正確さ志向』と『豊かさ志向』―」『日本語教育』130, 90-99.

齋藤ひろみ（1998）「自律的学習能力を養うために教師は何ができるか」『言語文化と日本語教育』16, 1-11.

田中信之（2005）「中国人学習者を対象としたピア・レスポンス―ビリーフ調査をもとに―」『日本語教育』126, 144-153.

田中信之・北直美（1996）「日本語教育における学習者の作文に対する学習信念」『北陸大学紀要』20, 325-334.

八木公子（2004）「現職日本語教師の言語教育観―良い日本語教師像の分析をもとに―」『日本語教育論集』20, 50-58.

横山紀子（2007）「非母語話者教師の目標言語学習が学習観・指導観に及ぼす影響―再教育における聴解学習に関する実証的研究―」『日本語教育』132, 98-107.

Barcelos, A. M. F. (2006a). Researching beliefs about SLA: A critical review. In P. Kalaja & A. M. F. Barcelos (Eds.), *Beliefs about SLA: New research approaches* (pp. 7-33). London, UK: Kluwer Academic.

116　第 7 章　ビリーフ

Barcelos, A. M. F. (2006b). Teachers' and students' beliefs within a deweyan framework: Conflict and influence. In P. Kalaja & A. M. F. Barcelos(Eds.), *Beliefs about SLA: New research approaches* (pp. 171-199). London, UK: Kluwer Academic.

Borg, M. (2001). Teachers' beliefs. *ELT Journal, 55*(2), 186-187.

Horwitz, E. K. (1988). The beliefs about language learning of beginning university foreign language students. *The Modern Language Journal, 72*(3), 283-294.

Izumi, S, Miura, D., & Machida, S. (2016). Beliefs, learning strategies, teaching practices, and confidence of EFL teachers in Japan. *Sophia Linguistica, 63*, 117-147.

Kern, R. G. (1995). Students' and teachers' beliefs about language learning. *Foreign Language Annals, 28*(1), 71-92.

Lortie, D. C. (1975). *Schoolteachers: A sociological study*. Chicago: University of Chicago Press.

McCargar, D. F. (1993). Teacher and student role expectations: Cross-cultural differences and implications. *The Modern Language Journal, 77*(2), 192-207.

Numrich, C. (1996). On becoming a language teacher: Insights from diary studies. *TESOL Quarterly, 30*(1), 131-153.

Nunan, D. (1995). Closing the gap between learning and instruction. *TESOL Quarterly, 29*(1), 133-158.

Oxford, R. L. (1990). *Language learning strategies: What every teacher should know*. New York: Newbury House. [オックスフォード，レベッカ L. (1994)『言語学習ストラテジー——外国語教師が知っておかなければならないこと——』宍戸通庸・伴紀子 (訳)　凡人社.]

Rubin, J. (1987). Learner strategies: Theoretical assumptions, research history and typology. In Rubin, J. & Wenden, A. (Eds.), *Learner strategies in language learning* (pp. 15-30). London: Prentice-Hall International.

Schulz, R. A. (1996). Focus on form in the foreign language classroom: Students' and teachers' views on error correction and the role of grammar. *Foreign Language Annals, 29*(3), 343-364.

Vélez-Rendón, G. (2002). Second language teacher education: A review of the literature. *Foreign Language Annals, 35*(4), 457-467.

Wenden, A. (1987). How to be a successful language learner: Insights and prescriptions from L2 learners. In Rubin, J. & Wenden, A. (Eds.), *Learner strategies in language learning* (pp. 103-117). Prentice-Hall International.

Williams, M. & Burden, R. L. (1997). *Psychology for language teachers: A social constructivist approach*. Cambridge: Cambridge University Press.

第8章

動機づけ

どうして日本語を勉強しているの？

■ プレタスク1

　国際交流基金の2015年度調査によれば、海外で日本語を学ぶ学習者は約365万人います[1]。彼らはなぜ日本語を学んでいるのでしょうか。

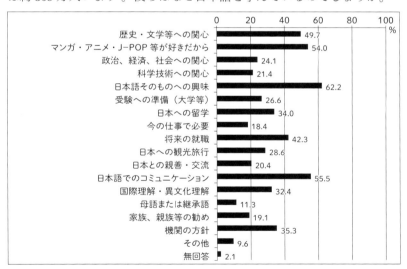

図8-1　海外の日本語学習者の学習目的[2]

1　国際交流基金 (2015)
2　国際交流基金 (2013) をもとに作成

118　第8章　動機づけ

図8-1を見ながら、彼らの学習目的にどのような特徴があるか話してみましょう。

■プレタスク2

これまでの外国語学習を振り返ってみましょう。外国語学習に対するやる気が上がった（または下がった）経験は、ありますか。その理由は何だったのでしょうか。グループで話し合ってみましょう。

1.　はじめに

一般的に、勉強でも仕事でも、やる気のない人よりもある人のほうが成功しやすいというのは、誰もが同意することではないでしょうか。これは、第二言語学習も同じで**動機づけ**（motivation）は第二言語習得の成否にかかわる個人差要因の一つといわれてきました。動機づけは、学習者が第二言語を学ぶことを選択し、第二言語が習得できるように努力し、それを継続していく、という一連の行動の原動力になるものです[3]。第二言語を習得するためには、数年から数十年に渡って学び続けなければならないので、その間、やる気を持続させることはとても大切です。第8章では、第二言語教育分野における動機づけ研究を紹介しながら、学習者の動機づけにどのように働きかけていくべきか考えていきます。

2.　統合的動機づけと道具的動機づけ

みなさんはこれまで学校や塾で、または独学で英語やその他の外国語を学んできたことと思います。ある人は、海外の音楽やファッションに興味があるから、外国の人と友達になりたいからという理由で学んでいるかもしれません。またある人は、英検やTOEICで良いスコアを取りたいから、貿易や観光の会社で働きたいからという理由で勉強しているかもしれません。第二言語の動機づけ研究では、前者を**統合的動機づけ**

3　Dörnyei & Ushioda (2011, p. 4)

(integrative motivation)、後者を**道具的動機づけ**（instrumental motivation）と呼んでいます。統合的動機づけとは、その言語を使う集団と話したり、その社会や文化を知ったりするために学ぶというものです。道具的動機づけとは、良い成績や仕事を得るためなどの実利的な理由で学ぶというものです。

　第二言語教育の分野において、初期の動機づけ研究を牽引したガードナーとランバートという心理学者は、「統合的動機づけ」を持つ人のほうが第二言語学習に成功しやすいと考えました[4]。その背景としては、彼らが調査を行ったカナダという国の特徴があります。カナダは、フランス語を母語とする人びとと英語を母語とする人びとが両方住んでいるバイリンガル国家です。ガードナーとランバートは、このような異なる言語的、文化的背景を持つグループが混在する社会では、相手グループと話したり、その社会や文化を知ったりしたいという動機づけを持つ人のほうが第二言語学習に能動的に取り組み、目標言語話者と積極的にコミュニケーションすると考えました。しかし、この考えはカナダにおける調査では支持されたものの[5]、後にそれ以外の国・地域で行われた調査では一致した結果が得られませんでした[6]。

　また、統合的動機づけと道具的動機づけは必ずしも相反するものではなく、ほとんどの場合、一人の学習者が両方の動機づけを持っていて、状況によってその強さが変わるといわれています。英語教育の分野において動機づけ研究をしている廣森友人は、学習者の動機づけには「良い動機づけ」「悪い動機づけ」というものはなく、多様な動機づけを持つことが学習を支えることにつながると述べています。一つの動機づけだけに支えられた行動は、その行動が成就した、あるいはしなかったとたんに、その効力を失ってしまいます（例：大学受験に成功した、失敗した）。しかし、複数の動機づけに支えられている場合、一つの動機づけ

4　Gardner & Lambert (1972)、Gardner (1985)

5　Gliksman, Gardner & Smythe (1982)

6　Lukmani (1972)、Gardner & MacIntyre (1991)

120　第 8 章　動機づけ

（例：受験のため）が弱くなったりなくなったりしたとしても、他の動機づけ（例：海外の小説を読みたい、歌を歌いたい）が学習を後押ししてくれます[7]。日本語学習者の場合であれば、最初はアニメや漫画に惹かれて興味を持ったとして、そこにドラマを字幕なしで理解したいから、同じ趣味を持つ日本人と話してみたいからなど、さまざまな動機づけが加わっていくことが考えられます。このような多層的な動機づけを育てていくために教師は、日本語を学ぶことで何ができるようになるのか、どのような世界が広がっていくのか、日本語学習が持つ魅力や可能性を積極的に伝えていく必要があります。

　1990 年代以降の学習者の多様化とともに、日本語教育においても動機づけを探ろうとする研究が行われるようになりました。これまでの調査からは、前述のガードナーらの研究結果と同様、国・地域、教育段階によって日本語学習の成否にかかわる動機づけが異なることが示されています。たとえば、中国の大学の日本語学科で学ぶ学習者を対象とした調査では、道具的動機づけ（将来日系企業に就職したい、日本の大学院に進学したいなど）が高い学習者のほうが成績が良いという研究結果が得られています[8]。中国には多数の日系企業が進出しており、大学卒業後、日本で働く中国人留学生も増え続けています。このような社会では、日本語の実利的な価値が高く道具的動機づけを意識しやすいといえます。その一方、日本語を習得することが仕事に直結しにくい国・地域であっても、余暇として日本語を学ぶ人びとや趣味の延長線上で日本語を学ぶ人びともいます。また、このような学習者の動機づけを意識したうえで、アニメやマンガを楽しみながら日本語を学べるような WEB 教材も開発されています[9]。学習者の動機づけを知ることは、その国・地域、教育現場でどのような教材やカリキュラム、授業内容が求められているか考えるための一つの手がかりになるといえるでしょう。

7　廣森 (2006)

8　郭・全 (2006)

9　熊野・川嶋 (2011)

3.　内発的動機づけと外発的動機づけ

　動機づけには、前述した「統合的動機づけ」や「道具的動機づけ」だけではなく、教育心理学の分野から生まれた**無動機**（amotivation）、**外発的動機づけ**（extrinsic motivation）、**内発的動機づけ**（intrinsic motivation）という分類もあります（表 8-1）。

表 8-1　動機づけの分類 [10]

動機づけのタイプ	無動機	外発的動機づけ				内発的動機づけ
調整のタイプ	非調整	外的調整	取り入れ的調整	同一視的調整	統合的調整	内発的調整
行動の質	非自己決定的					自己決定的

　まず、無動機とは、周囲から強制されても行動を起こさず、学習に対して拒否反応を起こしている状態です。次に、外発的動機づけについては、自己決定の度合いにより 4 段階に分かれます。そのうち最も自己決定性の低い状態が「外的調整」の段階です。家族や教師に勧められて学んでいる場合や必修科目であるため履修している場合など、課題に対する価値を認めておらず、外部から強制されて行動している他律的状態です。次に他律的であるのは、「取り入れ的調整」の段階です。この段階は、日本語が話せるほうが尊敬してもらえる、日本に留学したのだから日本語が話せるようにならないといけないなど、課題の価値を認め、自己の価値観として取り入れつつあるものの、まだ義務感から行動している状態といえます。その次が「同一視的調整」の段階です。ここでは、将来日系企業に就職したいから、日本語能力試験に合格したいからなど、自分にとって重要だからやるといった積極的な理由へと変わります。そして、最後の段階は「統合的調整」の段階です。これは、他にや

10　Deci & Ryan（2002, p. 16）

122 第 8 章 動機づけ

りたいことなどがある場合でも、自然とその行動を優先させてしまうような状態であり、自ら積極的にその行動を選択している状態とされます。最後に、最も自己決定性の高いのが「内発的動機づけ」です。内発的動機づけは、学習者自身の内部から生まれる動機づけで知的好奇心や興味、楽しさを感じることにより起こります。このように動機づけには発達プロセスがあり、一定の条件が整うことによって学習者の動機づけが高まると考えられています。

それでは、学習者の動機づけの発達を促すための条件とはどのようなものでしょうか。これまでの調査から、三つの心理的欲求が満たされることによって学習者の動機づけが高まる可能性が指摘されています。それは、「自律性の欲求」「有能性の欲求」「関係性の欲求」の三つです。これらの心理的欲求を満たし、学習者の動機づけを高めることを目的とした英語ライティングの授業では、(1) ライティングの課題に選択の幅を設け (自律性の欲求)、(2) 学習者のレベルに応じたフィードバックを与え (有能性の欲求)、(3) ペアワークやグループワークにより協力して課題に取り組む (関係性の欲求) ことを通じて、学習者の動機づけが高まったことが示されています[11]。

ただし、学習者の動機づけを高める教育実践の効果については、学習者の言語レベルや動機づけによってその効果が異なるといわれています[12]。たとえば、前述した英語ライティングの授業の研究では、動機づけが低い学習者の場合は、成功体験を積む機会を準備して自信を持たせたり (有能性の欲求)、クラスメートと協働的に学べる活動を取り入れたり (関係性の欲求) することで動機づけが高まることが示されています。一方で、すでに十分動機づけが高く自分ひとりで学習を遂行できると感じている学習者の場合は、課題に責任や選択を持たせる (自律性の欲求) ことが有効に働くことが示されています。このような研究結果から、個々の学習者の動機づけ状態を知ることが効果的な活動方法や教師

11　廣森 (2006)

12　廣森 (2006)、Sugita & Takeuchi (2010)

の働きかけを考えるうえでのヒントになるといえます。

4. 第二言語の理想自己

　近年、注目されている新たな動機づけ概念として**第二言語の理想自己**（ideal L2 self）というものがあります[13]。これは、「こうありたい、こうなりたい自分」という理想像を持つことが第二言語学習の動機づけとして働くというものです。もし、みなさんが「将来、海外でビジネスパーソンとして働きたい、そのために英語が話せるようになりたい」と考えるなら、いまの自分の英語力とのギャップを埋めるために勉強しようと思うことでしょう。第二言語の理想自己には、このように第二言語を使って活躍する自己イメージが含まれています。他方、私たちは「こうでなければならない、こうあるべきだ」という自己像も抱いています。悪い成績を取って落第したくないから、教師や両親にしかられたくないから学ぶなど、周囲の人びとや社会の期待に応えるため、ネガティブな結果を避けるために学ぶという義務的、回避的な動機づけを**第二言語の義務自己**（ought-to L2 self）と呼びます。学習者の学習行動には両方の動機づけが影響を与えていますが、これまでの研究から第二言語の理想自己を持つことが学習を促進することは一致して示されています。

　また、学習者が第二言語の理想自己を維持するためには、以下の条件が満たされる必要があると指摘されています[14]。

　(1) 学習者が将来なりたい自分のイメージを持っている。
　(2) なりたい自分のイメージが詳細でいきいきしている。
　(3) なりたい自分のイメージは実現可能で、周囲の期待や自分が置かれている状況と調和できている。
　(4) なりたい自分のイメージが定期的に活性化されている。
　(5) なりたい自分に近づくための道筋と方略をともなっている。

13　Dörnyei & Ushioda（2009）
14　Dörnyei & Ushioda（2009, pp. 33-38）

124　第8章　動機づけ

（6）ネガティブな結末に陥った場合の詳しい情報を持っている。

　教師はまず、第二言語を使って何をしたいのか、どのような自分になりたいのか、というイメージが学習者のなかでクリアになるように働きかけていく必要があります。そして、そのイメージは学習者が置かれている状況とかけ離れたものではなく、現実的に実現可能なものであることが大切です。また、習得に長い時間を要する第二言語学習では、途中でなりたい自分のイメージが薄れてしまうことも考えられます。なりたい自分のイメージを鮮明にしておくために、ロールモデルとなる人物をクラスに招いて話を聞くなど、イメージを保つための手がかりがあるとよいでしょう。さらに、なりたい自分になるためにどのような学習計画や学習方法が必要なのか、目標達成までのロードマップを具体的に描くことによって理想が実現しやすくなります。そしてときには、なりたい自分になれないというネガティブな結末になった場合を想像してみることも効果的です。最悪の事態を避けたいという強い思いも、動機づけを維持することに役立つのです。

　上記のような条件を満たし、学習者それぞれの第二言語の理想自己を明確にするためには、教師の支援も欠かせません。学習者のなかには、将来の進路や日本語学習目的が漠然としている人もいることでしょう。まずは、「なぜ日本語を学ぶのか」という目的意識を明確にすることが大切です。学習者の学習目的を明確にするための授業実践の例としては、日本語学校で行われた「進学動機の自覚を促す」ためのレポート作成があります[15]。この授業では、なぜ日本の大学へ進学し、何を学ぶのかについて、授業参加者が話し合いながら、レポートを書いていきます。この活動を通して学習者は将来就きたい職業や大学への進学目的を明確にし、いまの自分の日本語学習の方法に疑問を抱くようになったことが報告されています。このような活動は、目前の試験や資格取得に忙

15　市嶋・長嶺（2008）

しい学習者から見れば、一見、遠回りに見えてしまうかもしれません。しかし、学習者がそれぞれの将来像と照らし合わせたうえで、「なぜ学ぶのか」を考えることは、現在の学習の進め方を見直すうえで重要なことです。

　また、学習者が日常的に目標言語を使わない場合やその言語を使う国に行ったことがない場合、第二言語を使って活躍する自分をイメージしたり、そのイメージを維持したりするのは難しいかもしれません。教師は、日本語を使う場面が限られている学習者であっても、日本人、社会・文化との関わりを意識することができ、将来日本語を使う場面を想像できるような活動を準備する必要があります。たとえば、母語の異なるふたりがペアになり、インターネットを介して互いの言語や文化を学び合う、タンデム学習という教育実践が報告されています[16]。学習者は、日本語母語話者との自由なやりとりを通して、日本語や日本文化を学ぶことができ日本語の上達も感じられることから、動機づけが高まったと述べられています。たとえ普段は第二言語を使用できない環境にあっても、日々の教室活動の延長線上に、現実社会で第二言語を使う自分の姿やその相手をイメージすることができるかどうかが重要ということです。

　以上のような教室活動に加えて、教師には、学習者が「なりたい私」に向かって学習計画を立て、学習を習慣化するよう、アドバイスをする役割も求められます。学習者にとっては、自分が抱く将来像を理解し、応援してくれる人がいるということも、動機づけを維持するうえで欠かせない条件なのです。

5. 教室における動機づけ

　教師が特定の学習者について「あの学生はやる気がある（ない）」と判断するとき、何を手がかりにしているのでしょうか。前述したように

16　脇坂（2013）

126   第8章　動機づけ

「統合的動機づけ」や「道具的動機づけ」に関する研究では、社会や文化との関わりから動機づけを理解しようとしていました。しかし、一般的に多くの教師は、学習者が授業中、熱心に課題に取り組んでいるか、いきいきとした表情を浮かべているかなど、授業との関わりのなかで動機づけを理解しようとしているのではないかと思います。1990年代以降、このような授業場面に関わる動機づけ研究をもっと推進するべきだという声が高まり、「学習者をどのように動機づけるか」という観点から新たな研究が展開していきました[17]。

　授業との関わりという側面から動機づけを考えてみると、学習者が教材やタスクに興味を持っているか、教師の教え方や人柄をどう思っているか、どのような特徴を持つクラスで学んでいるかなど、多くの要因が相互作用的にかかわっていることが見えてきます[18]。また、学習者の動機づけはいつも同じというわけではなく、日本語のコースが始まったばかりのときはやる気満々だったのに途中からやる気を失ってしまうこともありますし、逆にコースが終わりに近づいた頃にやっとやる気を見せはじめる場合もあります。そのほかにも、会話練習には熱心に取り組むのに、作文に対してはあまりやる気がないなど、その日の授業内容や活動によっても違ってきます。

　教師はこのように揺れ動く学習者の動機づけに対してどのように働きかけていけばいいのでしょうか。ドルニェイという研究者は、学習者の動機づけを高めるための教師の支援を**動機づけストラテジー**（motivational strategies）と呼んでいます[19]。そして、学習のプロセスに沿って学習者の動機づけに働きかけることを提唱しています。図8-2は、学習者の動機づけを「基礎的な動機づけ環境の創造」「学習開始時の動機づけの喚起」「動機づけの維持と保護」「肯定的な自己評価の促進」という四つの段階に分けたものです。そして学習プロセスの各段階で教師が動機づけ

17　Crookes & Schmidt（1991）

18　Dörnyei（1994）

19　Dörnyei（2001）

にどのように働きかけていくべきかを示しています。

基礎的な動機づけ環境の創造
・教師が適切な行動をとる
・楽しく学習を支援する教室雰囲気を醸成する
・適切な集団規範を持った、団結力がある学習者集団を育てる

学習開始時の動機づけの喚起
・第二言語に関連する望ましい価値観や態度を強化する
・成功への期待感を高める
・目標志向性を高める
・教材を学習者に関連が深いものにする
・現実的な学習者ビリーフを促進する

動機づけの維持と保護
・刺激的で楽しい学習にする
・動機づけを高めるようなタスクを提示する
・明確な学習目標を設定する
・学習者の自尊心を守り自信を高める
・学習者が自己について、肯定的な社会イメージを維持できるようにする
・学習者の自律性を促進する
・自己動機づけストラテジーを促進する
・学習者同士の協力を促進する

肯定的な自己評価の促進
・動機づけを高めるような原因の究明（帰属）を促進する
・動機づけを高めるようなフィードバックをする
・学習者の満足感を高める
・動機づけを高める方法で褒美を与え成績評価を行う

図 8-2　第二言語の教室における動機づけを高める指導実践[20]

　教師はまず、教室に楽しく協力的な雰囲気を作り出すなど「基礎的な動機づけ環境の創造」をする必要があります。そのうえで学習を始めるときには、第二言語学習の重要性を強調したり、学習対象とする言語や文化への関心を高めたりするなど「学習開始時の動機づけの喚起」を行

20　Dörnyei（2001, p. 29)、南雅彦（翻訳協力）

128   第 8 章   動機づけ

います。さらに学習を継続する段階では、タスクを挑戦的で魅力的なものになるよう工夫し、学習者が自信を失わないように励ますなど「動機づけの維持と保護」をします。最後に学習を評価する段階では、肯定的なフィードバックを与え、うまくいかないときも努力で挽回できることを強調するなど「肯定的な自己評価の促進」を行います。

　これらの動機づけストラテジーは、コースのなかの序盤、中盤、終盤を想定して使うこともできますし、一つの授業や一つのタスクのプロセスのなかで学習者の動機づけに介入していくこともできます。これまでの研究から、動機づけストラテジーを取り入れることが学習者の動機づけを高める有効な方法であることが示されています[21]。学習者を動機づけるという観点から授業改善を考えるのであれば、まずは自分がどのような動機づけストラテジーを使っているか、まだ取り入れていない動機づけストラテジーは何か、一度振り返ってみると良いでしょう。

6. おわりに

　動機づけには本章で説明した以外にも、数多くの理論があり、多様な理論的側面から研究されてきました。また、動機づけは常に揺れ動いており、社会状況、周囲の人びととの影響や学習経験など数多くの要因から影響を受けて、向上、低下を繰り返す複雑で動的なシステムです[22]。そのため、動機づけに対する教師の働きかけは、常に同じ効果を生むとは限りません。

　しかし、これまでの研究から、授業中の一つひとつの活動や課題に対する学習者の動機づけを高めることは、やがて第二言語学習全体に対する学習者の動機づけを高めることにつながることもわかっています[23]。日々の授業における教師の働きかけはその場限りのものに見えて、学習者の長期的な動機づけにつながる可能性があるということです。教師と

---

21 Guilloteaux & Dörnyei (2008)

22 Dörnyei, MacIntyre & Henry (2015)

23 田中・廣森 (2007)

しては、学習者の動機づけを高めるための教育実践について、できるだけ多くのアイデアを持っておき、学習者のタイプや学習の進捗状況に応じて使い分けていくことが必要となります。

■確認問題

　以下の文章の空欄（ア）〜（カ）に適当なキーワードを書きましょう。

　第二言語教育の分野においては、伝統的に動機づけを大きく（ア）と（イ）に分けてきました。（ア）はその言語を話す人びとや文化を理解したい、その社会に参加したいという動機づけです。（イ）は仕事や資格取得のために勉強するという動機づけです。ある国・地域の学習者がなぜ日本語を学んでいるか知ることは、適切なカリキュラムや教材を考えるうえで貴重な情報となります。しかし、これに加えて授業活動や教材などと動機づけの関わりを知り、どのように動機づけに働きかけるのかという点に着目した研究も盛んになってきています。日本語の勉強が楽しいから、新しいことを知りたいから勉強するといった（ウ）と、周囲に勧められたから、大学で単位が必要だから勉強するという（エ）とでは、学習に対する取り組みが違ってきます。教師は学習者の動機づけがより自律的なものになるよう授業方法や教材を工夫し、動機づけに働きかけていく必要があります。このような教育的介入は、（オ）と呼ばれています。また、学習者はそれぞれ実現したい理想像、将来像を持つ存在でもあり、「なりたい自己」のために日本語を必要としています。このような将来像に基づいた動機づけは、（カ）と呼ばれます。教師には、学習者の将来像を理解し、それを実現するための学習方法をともに考えるといった役割もあるのです。

■ポストタスク１

　プレタスク２では、外国語学習に対する動機づけが上がった経験と下がった経験について話しました。あなたの動機づけが下がったのは、図8-2の動機づけの４段階のどこでしたか。あなたが教師なら、そのよう

130 第8章 動機づけ

なとき、どのような動機づけストラテジーを使うことが効果的だと思い
ますか。

■ポストタスク2

あなたは、第二言語学習をした結果、どのような自分になることを理
想と考えますか。あなたの「こうありたい、こうなりたい自分」とい
う、第二言語の理想自己をイメージしてみてください。また、あなたの
第二言語の理想自己のイメージを鮮明にする（または維持する）ために、
どのような方法が効果的だと思いますか。

■さらに知りたい人のための読書案内

①菊地恵太（2015）『英語学習動機の減退要因の探求―日本人学習者
　の調査を中心に―』ひつじ書房.
　☞日本人英語学習者を対象として動機づけを減退させる要因につい
　　て調査した研究です。考察では動機づけの減退を防ぐためにどの
　　ような教育的介入を行えばよいのか、動機づけストラテジーの観
　　点からまとめられています。

②馬場今日子・新多了（2016）『はじめての第二言語習得論講義―英
　語学習への複眼的アプローチ―』大修館書店.
　☞第二言語習得に関する入門書です。第8章「どうすればやる気を
　　持ち続けることができるのか」では、動機づけに関する近年の研
　　究動向をまとめています。

③廣森友人（2015）『英語学習のメカニズム―第二言語習得研究にも
　とづく効果的な勉強法―』大修館書店.
　☞第二言語習得に関する入門書です。第5章「言語学習をサポート
　　する原動力：動機づけ」では、主要な動機づけ概念を整理したう
　　えで、動機づけ理論に基づいて計画された学習活動の実践例を紹

介しています。

■参考文献

市嶋典子・長嶺倫子（2008）「『進学動機の自覚を促す』日本語教育実践の意義—レ
　ポート分析とエピソード・インタビューを基に—」『日本語教育論集』24,
　65-79.

郭俊海・全京姫（2006）「中国人大学生の日本語学習の動機づけについて」『新潟大
　学国際センター紀要』2, 118-128.

熊野七絵・川嶋恵子（2011）「『アニメ・マンガの日本語』Web サイト開発—趣味
　から日本語学習へ—」『国際交流基金日本語教育紀要』7, 103-117.

国際交流基金（2013）『海外の日本語教育の現状　2012 年度日本語教育機関調査よ
　り』くろしお出版.

国際交流基金（2015）「2015 年度『海外日本語教育機関調査』結果（速報）」
　https://www.jpf.go.jp/j/about/press/2016/dl/2016-057-1.pdf

田中博晃・廣森友人（2007）「英語学習者の内発的動機づけを高める教育実践的介
　入とその効果の検証」『JALT Journal』29（1）, 59-80.

廣森友人（2006）『外国語学習者の動機づけを高める理論と実践』多賀出版.

廣森友人（2010）「動機づけ研究の観点から見た効果的な英語指導法」小嶋英夫・
　尾関直子・廣森友人（編）『英語教育学大系第 6 巻　成長する英語学習者　学
　習者要因と自律学習』（pp. 47-74）　大修館書店.

脇坂真彩子（2013）「E タンデムにおいてドイツ人日本語学習者の動機を変化させ
　た要因」『阪大日本語研究』25, 105-135.

Crookes, G., & Schmidt, R. W. (1991). Motivation: Reopening the research
　agenda. *Language Learning, 41*(4), 469-512.

Deci, E. L., & Ryan, R. M. (2002). *Handbook of self-determination research.*
　Rochester, NY: The University of Rochester Press.

Dörnyei, Z. (1994). Motivation and motivating in the foreign language classroom.
　The Modern Language Journal, 78(3), 273-284.

Dörnyei, Z. (2001). *Motivational strategies in the language classroom.* Cambridge:
　Cambridge University Press.

Dörnyei, Z., & Ushioda, E. (Eds.). (2009). *Motivation, language identity and the L2
　self.* Bristol: Multilingual Matters.

Dörnyei, Z., & Ushioda, E. (2011). *Teaching and researching motivation* (*2nd ed.*).
　Harlow: Longman.

Dörnyei, Z., MacIntyre, P. D. & Henry, A. (Eds.). (2015). *Motivational dynamics in
　language learning.* Bristol: Multilingual Matters.

Gardner, R. C., & Lambert, W. E. (1972). *Attitudes and motivation in second-*

language learning. Rowley, mass: Newbury House.

Gardner, R. C. (1985). *Social psychology and second language learning: The role of attitudes and motivation.* London: Edward Arnold.

Gardner, R. C., & MacIntyre, P. D. (1991). An instrumental motivation in language study: Who says it isn't effective? *Studies in Second Language Acquisition, 13*(1), 57–72.

Gliksman, L., Gardner, R. C., & Smythe, P. C. (1982). The role of the integrative motive on students' perception in the French classroom. *Canadian Modern Language Review, 38,* 625–647.

Guilloteaux, M. J., & Dörnyei, Z. (2008). Motivating language learners: A classroom-oriented investigation of the effects of motivational strategies on student motivation. *TESOL Quarterly, 42*(1), 55–77.

Lukmani, Y. M. (1972). Motivation to learn and language proficiency. *Language Learning, 22*(2), 261–273.

Sugita, M. & Takeuchi, O. (2010). What can teachers do to motivate their students? A classroom research on motivational strategy use in the Japanese EFL context. *Innovation in Language Learning and Teaching, 4*(1), 21–35.

第9章

第二言語不安

外国語で話すのってこわくない？

■プレタスク1

　外国語の授業を受けているときや外国語で話すとき、緊張や焦り、心配を感じた経験はありますか。どのようなときにそう感じましたか。

■プレタスク2

　あなたが母語を使っているときと、外国語を使っている時を比べてください。外国語を使う時のほうが不安を感じやすくなるのは、どうしてだと思いますか。

1. はじめに

　日本人の海外旅行や留学が増加し、海外からも多くの人びとが日本を訪問、滞在する現代では、外国語を使う機会は飛躍的に増加しています。みなさんのなかにも、海外旅行などをきっかけに海外の文化に興味を持ち、外国語の学習を始めた人がいるかもしれません。しかし、教室で外国語を学んだり、実際に使ったりする機会が増えるにつれ、外国語の発音が聞き取れなくて困惑してしまう、自分が言いたいことが伝わらなくて焦ってしまう、といった経験をすることも増えているのではないでしょうか。このように、第二言語を学んだり使ったりする際に起こる不安は、**第二言語不安**（second language anxiety）と呼ばれています。

134　　第 9 章　第二言語不安

第二言語不安は、「第二言語の学習や使用、習得に特定的に関わる不安や心配と、それによって引き起こされる緊張や焦り」と定義されており[1]、第二言語習得にかかわる個人差要因のなかでは、情意要因の一つとされています。情意要因には、第二言語不安や動機づけ、態度などが含まれます。第二言語の習得には、知性や言語適性などの認知的要因のほか、このような感情の状態が影響を与えているのです。第 9 章では、情意要因の一つである第二言語不安を取り上げ、それを軽減するための教師の態度や行動について考えていきたいと思います。

2.　第二言語コミュニケーションと情意要因

　プレタスク 1 で話し合ったことを思い出してください。みなさんは、外国語学習のどのような場面で不安を感じますか。教師の説明を聞いたり、文法問題を解いたりという活動よりは、会話やディスカッションといった対人関係を伴った活動で不安を感じる人のほうが多いのではないでしょうか。

　実は、第二言語不安や動機づけといった情意要因に関する研究の発展は、外国語教授法の歴史と深い関わりがあります[2]。第二言語教育の分野において伝統的な**文法訳読法**（grammar-translation method）では、記憶や知識の蓄積を重視しており、翻訳をしたり、練習問題を解いたりといった読み書きの訓練が中心でした。このような教授法を用いる授業では、個人活動が多いため、人前で話すことが苦手な学習者でも、あまり不安を感じることはありませんでした。しかし、その後、コミュニケーション能力の育成に重点を置く、**コミュニカティブ・アプローチ**（communicative approach）の台頭により、現実場面を想定した、聞く・話すという活動が授業に導入されるようになりました。コミュニケーション中心の授業では、まだ十分に使いこなせない第二言語を使って自己表現をすることが求められます。言いたいことがあるのにことばにならな

1　元田（2005, p. 8）

2　八島（2003）

い、またはことばがうまく操れないために単純な意見しか言えない、という状態になると、子どもっぽく見えたり教養がない人間のように思われたりするのではないかと、もどかしさ、恥ずかしさ、心配といった感情が湧いてくることでしょう。このような感情的な反応は第二言語学習に特有のものであり、しかも子どもより大人の学習者に顕著であるといわれています[3]。というのも、すでに母語を習得しており、自分の知性や能力に自信を持っている成人学習者にとって、このような感情を味わうのは脅威となるからです。授業中のコミュニケーション活動を促進する役割を担うため、教師には学習者の感情の動きにそれまで以上に配慮する必要が生まれました。そして、第二言語不安を含む情意要因に関する研究も活発になってきたのです。

外国語のクラスで学んでいるとき、または母語話者と話す際、不安を感じると、どのような状態に陥るでしょうか。みなさんのなかには、胸がドキドキする、手足が震えるという人や、緊張していつもならできることでも間違えてしまうなどという人もいるでしょう。また、なかには外国語で話しかけられそうになるとつい逃げてしまう、教室では教師と目を合わせないようにするといった人もいるかもしれません。第二言語不安はこのように身体的な変調や学習に対する回避、混乱を引き起こします[4]。

また、クラッシェンとテレルという研究者は、第二言語不安のネガティブな影響として**情意フィルター仮説**（affective filter hypothesis）を唱えています[5]。情意フィルターとは、言語入力（インプット）を妨げてしまう心理的障壁のことで、言語習得は情意フィルターが低い状態でなければ起こらないという説です。クラッシェンとテレルは、学習者が新しい単語や文法に出会った際、不安を感じると、言語に注意が向かなくなり、うまくインプットを取り入れることができなくなると考えまし

---

3 Horwitz, Horwitz & Cope（1986）、八島（2004）

4 Horwitz, Horwitz & Cope（1986）、Arnold（1999）

5 Krashen & Terrell（1983）

136   第9章　第二言語不安

た。この情意フィルター仮説は、**ナチュラル・アプローチ**（natural approach）という教授法の理論的基盤の一つとなっています。ナチュラル・アプローチでは、特に学習の初期段階において、学習者に発話を強制せず聞くことに集中させます。これによって発話に対する学習者の不安を軽減し、情意フィルターを低くすることを目指しているのです。クラッシェンとテレルの試みに見られるように、第二言語不安が言語習得を阻害するという認識は、古くから教師や研究者のあいだで共有されてきました。

3.　第二言語不安研究のはじまり

　以前から第二言語不安が学習にネガティブな影響を与えるという認識はあったものの、実証的研究が盛んになったのは1990年代頃からです。これは第二言語不安という概念をどう定義するか、という定義の難しさからくるものでした。私たちが普段「不安」という言葉を使うのは、どのような場合でしょうか。たとえば「私は心配性ですぐ不安になってしまう」「試験に合格できるかどうか不安だ」など、さまざまな場面で「不安」ということばを口にしているのではないでしょうか。これまでの研究では、不安は「特性不安」「状態不安」「状況特定的不安」の三つに分けられています。「特性不安」とは、神経質や心配性などのもともとの個人の性格傾向を表しています。「状態不安」とは、いまこの瞬間にどのように感じているかというある時点での不安をいいます。「状況特定的不安」とは、試験を受ける、クラスで発表するなど、ある特定の状況において常に感じる不安を表しています。そして、第二言語不安は第二言語場面に特有の「状況特定的不安」として定義することが提唱されています[6]。

　第二言語不安の定義が明確になるとともに、第二言語不安を測定するための質問紙（スケール）も開発されるようになりました。初期の研究

6　MacIntyre & Gardner（1991）

で有名なのは、外国語教室不安尺度（foreign language classroom anxiety scale）という質問紙を用いた調査です[7]。この研究からは、第二言語不安の構成要素として「コミュニケーション不安」、「テスト不安」、「否定的な評価に対する不安」という三つがあることが見出されました。「コミュニケーション不安」とは、自分が言いたいことを第二言語で表現する能力がないことがストレスとなって引き起こされる不安です。「テスト不安」とは、試験で良い成績が取れるかどうかに対する心配です。「否定的な評価に対する不安」とは、第二言語が十分に操れないことによって、周囲の人から受ける社会的評価が下がるのではないかという懸念です。この研究の結果から、テスト不安を除けば、第二言語不安が主に対人場面を中心として引き起こされることがわかります。

4. 第二言語不安を引き起こす要因

　プレタスク1では、第二言語不安がなぜ引き起こされるのか、きっかけとなる出来事や環境、考え方などを話し合ってもらいました。第二言語不安の原因は数多くあると思いますが、ヤングという研究者は、第二言語の教室で学習者の不安を引き起こす要因として以下を挙げています[8]。

(1) 個人内または個人間で生じる不安
(2) 言語学習に関する学習者のビリーフ
(3) 指導に関する教師のビリーフ
(4) 教師と学習者の相互作用
(5) 授業構造
(6) 試験

　まず (1) は、学習者自身の心理状態、または学習者同士の人間関係によって不安が生じやすくなる場合があるということです。たとえば、もと

7　Horwitz, Horwitz, & Cope（1986）

8　Young（1991, p. 427）

もと自尊心が低い人は、外国語学習でも不安を感じやすくなります。また、学習者同士が競い合うような環境だと不安が生まれやすくなります。

（2）は、学習者が持つビリーフが第二言語不安を引き起こすというものです。ビリーフとは、学習者や教師が言語学習や言語教授について抱いている信念のことです[9]。たとえば学習者は、学習の初期段階から母語話者のように完璧に発音できなければいけない、といったビリーフを持つことがあります。しかし、実際にはこのようなことは実現が困難であるため、欲求不満となり不安に陥りやすくなってしまいます。

（3）については、教授行動に関する教師のビリーフが学習者の不安を引き起こすというものです。たとえば教師が間違いは必ず直さなければならないというビリーフを持っている場合、厳しい訂正行動で学習者を追い詰めてしまいます。

（4）は、学習者と教師の人間関係に関するものです。教師と学習者の信頼関係は、授業中、学習者が感じる第二言語不安に大きく影響しています。学習者が教師に脅威を感じている場合、間違いのリスクを冒してまで第二言語で話そうとはしません。

（5）は、授業方法・授業形態によって生じる不安です。クラスの皆の前でスピーチをするなどといった活動の際には不安が高まりやすくなります。

最後に（6）は、評価方法に関するものです。授業内容とテストが異なっている場合や目的が不明確なテストは不安をもたらします。

上記のような指摘からは、学習者自身だけではなく、教師が原因となって第二言語不安が引き起こされる場合が多々あることがわかります。教師は、自分自身の態度や行動、授業の進め方が学習者に緊張を強いたり、恐れを感じさせたりする結果となっていないか、自らの態度や行動を振り返ってみる必要があります。

ちなみにオックスフォードという研究者は、第二言語不安を緩和するための教室作りについてヒントを提示しています（表9-1）。第二言語不

9　ビリーフについては第7章を参照してください。

安への対処としては、特に不安傾向の強い個人を特定し配慮することも必要ですが、それに加えてクラス全体の雰囲気をより良いものにしていくことも重要です。教師自身が普段から学習者との信頼関係を築くことや、クラスに互いの間違いを受け容れる温かく受容的な雰囲気を醸成することは、第二言語不安を軽減するうえで大きな効果があります[10]。

表 9-1　学習者の第二言語不安を軽減するためのヒント [11]

(1) 外国語学習の際に感じる不安は一時的なもので、必ずしも長続きはしないことを学習者に理解させる。

(2) 長期的に第二言語不安を持っている学習者に対しては、教室内で成功体験を積ませて、自信を回復させる。

(3) 心地よい、恐怖感のない環境で、適度なリスクを伴う活動に参加させたり、曖昧であってもかまわないとリラックスさせる。

(4) 学習者同士の競争心をあおらない。

(5) 授業の目標を明確にし、その目標を達成するための学習ストラテジーを磨かせる。

(6) たとえ（目標・第二）言語が完璧でなくても発表してよいということを共通認識とする。

(7) 音楽、笑い、ゲームなどでリラックスさせる。

(8) 答えがどちらなのか曖昧ではなく、はっきりしていて、学習者がよく理解している項目を用いてテストを行う。

(9) 学習者に自分のパフォーマンスを現実的に評価させる。

(10) 学習者にとって意味があり、役に立つような肯定的フィードバックを与える。

(11) 学習スタイルや学習ストラテジーといった個人差に配慮した活動を行う。

(12) 学習者に不安の兆候を認識させ、どのような考えを持つと不安につながるかを意識させる。

(13) 自己との肯定的な対話で自分を励まし、否定的で不条理な考えを意識して変えるように指導する。

10　Horwitz, Horwitz, & Cope (1986)

11　Oxford (1999, p. 67)、南雅彦（翻訳協力）

140　第9章　第二言語不安

5.　日本語不安に関する研究

　ところで日本語学習者が抱く不安に関しては、どのようなことがわかっているのでしょうか。留学生の日本語不安の実態を調査した研究からは、日本で学ぶ留学生の場合、授業以外に教室外の生活でもさまざまな不安を感じていることが示されています（表9-2）。

表 9-2　日本語不安（教室内・教室外）[12]

教室内不安	
発話活動における緊張	発表、ロールプレイ、ディスカッションなどの発話活動の際に感じる不安
理解の不確かさに対する不安	授業内容や教員の指示、質問などが聞き取れないことに対する不安
低い日本語能力に対する心配	人前で間違えることや他の学習者との能力の比較に対する不安
教室外不安	
日本人との意思疎通に対する不安	日本人の話が聞き取れなかったり、言いたいことが言えなかったりすることに対する不安
低い日本語能力に対する心配	日本人から低く評価されたり、笑われたりするのではないかという不安
特定場面における緊張	銀行や病院など比較的丁寧な表現を求められる公的な場面において、意図が伝わるかどうかという不安

　表9-2からは、日本語教室内、教室外のいずれにおいても「聞くこと」が不安の一つとなっていることがわかります。特に、教室内の日本語不安に関しては、**直接法**（direct method）という教授法の影響があることが指摘されています[13]。直接法とは、日本語の語彙や文法を教える際に、学習者の母語や英語などの媒介語を使わず、基本的に日本語のみで教える教授法です。直接法は日本国内の多くの教育機関で採用されて

12　元田（2005, pp. 84-85）をもとに作成

13　元田（2005）

いますが、直接法では「聞く」という行為が授業を理解するために必須のスキルとなっているため、自己の聴解能力に不安を抱くことが授業全体に対する不安につながりやすくなると考えられます。たとえば、新しい文型を習う際に少し教師の説明を聞き逃してしまうことで、その日の授業についていけなくなってしまう場合もあります。未知の言語を、その言語だけで勉強するということは、大変な集中力を要する作業なのです。したがって、直接法で指導を行う教師は聞き取りに対する学習者の負担を緩和するために、話すスピードや発音の明瞭性、語彙・文法の難易度などに気を配ることを忘れてはなりません。また、聞くことによる理解だけに頼らず、絵や写真、実物、板書などを使って視覚に訴えることも必要です。

　さらに、学習者は教室内でも教室外でも間違えることに対して不安を抱いています。特に、教室内で学習者が最も強い不安を感じるのが、教師から受けた質問に答えることや、指名されることであるといわれています[14]。みなさんも授業中、先生から当てられそうになると目をそらす、みんなの前で間違ったらどうしようと、つい下を向いてしまうなどの経験をしたことがあるのではないでしょうか。ほかの人から注目される場面で、教師の指示を聞き間違えたり、質問の答えを間違えたりすることは強い不安を引き起こします。特に完璧主義の学習者は、そうでない学習者よりも第二言語不安が高い傾向が見られます[15]。完璧主義の学習者は、間違えることを恐れるあまり、まだ十分に習熟していない語彙や文法に関しては、積極的に使おうとしないことがあります。このような学習者に対しては、間違いは学習の一部であり、間違うことが学習にとっていかに重要かということを伝えたり、話し合ったりすることが必要です[16]。

　また、学習者の母語によっても日本語学習に対する不安の感じ方が違

14　Liu (2006)

15　Gregersen & Horwits (2002)

16　Price (1991)

142   第 9 章　第二言語不安

うと考えられます。たとえば、英語母語話者を対象とした調査からは、
フランス語やロシア語を学ぶ学習者よりも、日本語を学ぶ学習者のほう
が読解に対する不安が高いことが示されました[17]。これは、英語母語話
者にとって日本語の文字や表記が複雑であり、不安を感じやすいためで
はないかと推測されています。英語母語話者から見れば、同じ印欧語に
属するフランス語、スペイン語などと比べて、日本語は大きく異なる言
語です。この点は、漢字圏出身の学習者であれば異なる反応をする可能
性があります。学習者の母語と日本語との言語的距離によっても不安の
対象やその程度が異なる可能性があるといえるでしょう。

6.　第二言語不安とコミュニケーション意欲

　近年、第二言語のコミュニケーションにかかわる情意要因として新た
に注目されているのが、第二言語の**コミュニケーション意欲**（WTC:
Willingness to Communicate）という概念です。WTC は、「第二言語を
用いて、特定の状況で、特定の人（または人びと）との会話に参加する
意思」と定義されます[18]。もともと、WTC に関する研究は、人はどのよ
うな状況のときに、どのような相手と会話をしたがるのか（または会話
したがらないのか）という疑問から始まりました。当初は母語によるコ
ミュニケーションを研究対象としていましたが、後に WTC の概念は第
二言語教育の分野に応用されました。これまでの研究から WTC が高
い学習者は、教室活動に能動的に参加し、教室外でも自発的に第二言語
を使用することが示されています[19]。

　また、これまでの調査から第二言語不安が高い学習者は WTC が低い
こともわかっています[20]。第二言語不安が高い学習者は、実際の第二言
語能力に関わらず、自己評価が低い傾向にあります。そして、学習者の

17　Saito, Garza & Horwitz（1999）
18　MacIntyre, Dörnyei, Clément, & Noels（1998）
19　Yashima, Zenuk-Nishide, & Shimizu（2004）
20　MacIntyre & Charos（1996）

WTCには、実際の第二言語能力よりも自己評価のほうが大きな影響を与えているのです[21]。つまり、教師から見るとよくできる学習者であっても、学習者自身が自分の日本語能力を低く捉えていれば、不安が高まり、積極的に第二言語を使おうとはしないということです。そのため教師は、強い不安を抱いており自分の日本語能力を過小評価する傾向がある学習者に対しては、日本語能力の伸長を適切に認識できるよう支援していく必要があります。たとえば、スピーチ活動に対する教師のフィードバックを調査した研究からは、教師がスピーチの評価項目ごとに良かった点と改善のためのアドバイスを具体的に指示することでスピーチに対する不安が軽減されることが示されています[22]。

　また、目標言語話者との会話に慣れることも第二言語不安を緩和する一つの方法です。これまでの研究からは、目標言語話者との接触経験を積むことによって、不安が緩和され自己評価が高まりWTCが高くなったことが示されています[23]。つまり、より多くの第二言語使用機会を持つことが、第二言語不安の低下に肯定的な影響をもたらすということです。たとえば、留学生が大学外で日本人にインタビューするという授業実践では、活動後に日本語不安が低下したことが報告されています[24]。そして、その背景にはインタビューの成功体験や失敗に対する意識の変化などがあったと述べられています。このような活動以外にも、ビジターセッション（一般の日本人を日本語クラスに招待し、会話をしたり一緒に活動したりすること）や、日本人の会話パートナーの設置、インターネットを通じた日本人との交流など、日本語の使用機会を増やす取り組みは多くの教育現場でなされています。十分な第二言語の使用機会を授業内だけで確保することは容易ではありません。上記のような取り組みは、日本語の運用能力を高めるだけではなく、母語話者と話すこと

21　MacIntyre, Noels, & Clément (1997)

22　倉八 (1996)

23　MacIntyre, Baker, Clément, & Donovan (2002)

24　戸坂・寺嶋・井上・高尾 (2016)

に対する不安を緩和し、WTC を高めるために有用な取り組みだといえます。

　第二言語を習得するうえで学習者は、まだ十分に使えないことばを駆使して話し、間違えればその間違いから学び、またそれを実践で試す、というサイクルを繰り返します。つまり、実際にコミュニケーションに参加する経験を通して学んでいくのです。しかし、第二言語不安が高い学習者の場合、間違いを恐れて積極的に第二言語を使おうとしないため、結果として成績にマイナスの影響が出る可能性があります[25]。そして、また成績が低いことが自信を失わせ第二言語不安を高めて、さらにコミュニケーションに消極的になるという悪循環に陥ってしまいます。したがって、教師にとっては、第二言語不安を緩和することにより、上記のような負の連鎖を断ち切り、第二言語学習・使用に対する積極性を育てていくことが課題になるといえます。そのための学習環境を整えることも教師の役割の一つだといえるでしょう。

7. おわりに

　第二言語教育においてコミュニケーション中心の教授法が盛んになるにつれ、教師にはこれまでと違った役割が求められるようになりました。学習者に対して知識を一方的に与える存在ではなく、教師自身が学習者と積極的に対話することや教室内に対話の場を作り出すことが重視され、そのための技術や態度が必要となったのです。

　本章では詳しく紹介できませんが、学習者をリラックスさせ、第二言語不安を緩和することを意識した教授法としては、「サイレント・ウエイ」、「コミュニティ・ランゲージ・ラーニング」、「サジェストペディア」なども挙げられます。たとえば、サイレント・ウエイでは、教師は極力、発話を抑えて、学習者自身の試行錯誤を見守ります。学習者が間違いを気にせずにのびのびと第二言語に触れ、使用するなかで能力が伸

25　Ely（1986）

びると考え、それを温かく見守る環境をつくることを重視します。このような教授法のなかには、現在では主流ではなくなったものもありますが、第二言語不安を軽減することを目指した数々の教授法は、教室で教師が取るべき態度や行動について、多くの教育的示唆を与えてくれます。

■確認問題

第二言語不安と外国語教授法の関わりについて、以下の文章の空欄（ア）〜（オ）に適当なキーワードを書きましょう。

(1) 動機づけや第二言語不安といった情意要因の研究は、言語知識の記憶や記述を重視する（ア）から、現実場面を想定した第二言語使用を求める（イ）へと、外国語教授法が変遷するにつれ盛んになってきました。

(2) クラッシェンとテレルという研究者は、（ウ）仮説を唱え、習得を促進するためには第二言語不安を緩和し、動機づけを高めることが重要だと指摘しました。（ウ）仮説は、（エ）という外国語教授法の理論的基盤の一つとなっています。

(3) 日本国内の学習者を対象とした研究からは、学習者の聴解不安が強いことが示されています。これは、国内の日本語授業では多くの場合、（オ）という教授法を採用しており、教師の説明や指示も目標言語でなされることが背景にあると考えられています。

■ポストタスク１

プレタスク１では、第二言語学習において緊張や焦り、心配などの感情を感じた経験について考えました。不安を感じたとき、あなたはそれにどのように対処していますか。第二言語不安を緩和するための方法をできるだけ多く考え、他の人と共有しましょう。

146 第9章 第二言語不安

■ポストタスク2

あなたが教師なら、学習者の第二言語不安を軽減するために、どのような方法が考えられますか。たとえば以下のような授業活動でどのような配慮が必要だと思いますか。

(1) クラスメートの前で発表をする

(2) ペアやグループでディスカッションをする

(3) 教室の外で日本人にインタビューをする

■さらに知りたい人のための読書案内

①倉八順子（2006）「第二言語習得に関わる不安と動機づけ」縫部義憲（監修）・迫田久美子（編）『講座・日本語教育学　第3巻　言語学習の心理』(pp. 77-94)　スリーエーネットワーク.

☞日本語教育における第二言語不安と動機づけの研究を概観し、情意面に配慮した教育実践について提言しています。

②元田静（2005）『第二言語不安の理論と実態』溪水社.

☞心理学と第二言語教育分野における不安の研究をまとめたうえで、日本語不安の実態調査を行っています。巻末には、日本語不安を測定するための質問紙も掲載されています。

③八島智子（2004）『外国語コミュニケーションの情意と動機―研究と教育の視点―』関西大学出版部.

☞第二言語コミュニケーションにかかわる情意要因に着目し、関連する要因をまとめています。第二言語不安に加えて、動機づけ、態度、アイデンティティの問題などについても解説しています。

■参考文献

倉八順子（1996）「スピーチ指導におけるフィードバックが情意面に及ぼす効果」『日本語教育』89，39-51.

戸坂弥寿美・寺嶋弘道・井上佳子・高尾まり子 (2016)「学外での日本語母語話者へのインタビュー活動に関する一考察—学習者の不安とその変化を中心に—」『日本語教育』164, 79-93.

八島智子 (2003)「第二言語コミュニケーションと情意要因—『言語使用不安』と『積極的にコミュニケーションを図ろうとする態度』についての考察—」『関西大学外国語教育研究』5, 81-93.

Arnold, J. (1999). *Affect in language learning.* Cambridge: Cambridge University Press.

Ely, C. M. (1986). An analysis of discomfort, risktaking, sociability, and motivation in the L2 classroom. *Language Learning, 36*(1), 1-25.

Gregersen, T., & Horwitz, E. K. (2002). Language learning and perfectionism: Anxious and non-anxious language learners' reactions to their own oral performance. *The Modern Language Journal, 86*(4), 562-570.

Horwitz, E. K., Horwitz, M. B., & Cope, J. (1986). Foreign language classroom anxiety. *The Modern Language Journal, 70*(2), 125-132.

Krashen, S. D., & Terrell, T. D. (1983). *The natural approach: Language acquisition in the classroom.* San Francisco: Alemany Press.

Liu, M. (2006). Anxiety in Chinese EFL students at different proficiency levels. *System, 34*(3), 301-316.

MacIntyre, P. D., & Charos, C. (1996). Personality, attitudes, and affect as predictors of second language communication. *Journal of Language and Social Psychology, 15*(1), 3-26.

MacIntyre, P. D., & Gardner, R. C. (1991). Methods and results in the study of anxiety and language learning: A review of the literature. *Language Learning, 41*(1), 85-117.

MacIntyre, P. D., Noels, K. A., & Clément, R. (1997). Biases in self-ratings of second language proficiency: The role of language anxiety. *Language Learning, 47*(2), 265-287.

MacIntyre, P. D., Baker, S. C., Clément, R., & Donovan, L. A. (2002). Sex and age effects on willingness to communicate, anxiety, perceived competence, and L2 motivation among junior high school French immersion students. *Language Learning, 52*(3), 537-564.

MacIntyre, P. D., Dörnyei, Z., Clément, R., & Noels, K. A. (1998). Conceptualizing willingness to communicate in a L2: A situational model of L2 confidence and affiliation. *The Modern Language Journal, 82*(4), 545-562.

Oxford, R. L. (1999). Anxiety and the language learner: New insights. In J. Arnold (Ed.), *Affect in language learning* (pp. 58-67). Cambridge: Cambridge University Press.

Price, M. L. (1991). The subjective experience of foreign language anxiety:

Interviews with high anxious students. In E. K. Horwitz & D. J. Young (Eds.), *Language anxiety: From theory and research to classroom implications* (pp. 101-108). New Jersey: Prentice-Hall.

Saito, Y., Garza, T. J., & Horwitz, E. K. (1999). Foreign language reading anxiety. *The Modern Language Journal, 83*(2), 202-218.

Yashima, T., Zenuk-Nishide, L., & Shimizu, K. (2004). The influence of attitudes and affect on willingness to communicate and second language communication. *Language Learning, 54*(1), 119-152.

Young, D. J. (1991). Creating a low-anxiety classroom environment: What does language anxiety research suggest? *The Modern Language Journal, 75*(4), 426-436.

第三部　異文化を理解するときの心理

第 10 章

人の移動と異文化適応

海外旅行でご飯とみそ汁がほしくなるのはなぜ？

■プレタスク1

みなさんは、初めて訪れた場所を歩いたり、乗り物に乗ったりしたときに、あれっ、いつもと何かが違うぞ、と感じた経験はありますか。経験のある人は、何が違っていたのか、その状況を具体的にグループ内で話し合ってみましょう。

■プレタスク2

1年以上日本に滞在している留学生に、来日直後の、日本での生活に不慣れだった頃の自分と、最近の自分を比較してもらい、両者に変化があるとしたら、どのような点が違うのを尋ねてみましょう。

1. 人びとの移動と異文化適応

みなさんは、生まれ育った街から見知らぬ土地へ移動して、見慣れぬルールや地元の定番グルメに驚いたことはありませんか。私たちの日常は、暮らす場所や集団によって少しずつ異なります。長らく同じ土地に住むと、自分の行動や考え方のルールがそこに住む人びとと同じになるため、それらのルールが自分たちに独特のものであるとは気づきません。しかし、異なる土地でいつものように行動すると、大小さまざまな違いに気づくことがあります。たとえば、東京から大阪へ行き、エスカ

152　第 10 章　人の移動と異文化適応

レーターに立つ位置が自分だけ違っていてハッとした経験はないでしょうか。

　そのような違いがよりはっきりと、しかも大きくなるのが、海外への移動です。イスラム教徒が多く住む国では、1 日 5 回のお祈りが欠かせません。男性の育児休暇が当たり前の北欧では、平日に赤ちゃんを連れて公園を歩くパパは珍しくないでしょう。いずれも、日本に暮らす人びとの日常とは大きく異なる光景です。こうした違いに直面する度に驚きや違和感を覚えながらも、移動した人びとはそれらを受け入れ、次第に慣れていきます。

　このように、新しい土地や集団で異なる文化になじんでいくプロセスを**異文化適応**（intercultural adaptation）といいます。異文化適応は、人によってさまざまなパターンがありますが、このときに生じる強いストレス反応を**カルチャー・ショック**（culture shock）と呼びます。具体的に言うと、異文化環境で直面した何らかの違和感が原因となり、「抑鬱や不安などの心理的な反応以外に、引きこもり、飲酒などの行動に表れたり、疲労感、睡眠不足、食欲不振など身体面にも症状が出る」[1] 状態を指します。

　近年では、海外留学が以前よりも身近になり、親の転勤で海外へ引っ越す家族も珍しくありません。SNS や日本食・日本製品の普及のおかげで、海外でも工夫次第で日本と変わらぬ生活ができるようになりました。それでもなお、異文化間移動はなんらかの異文化適応を伴うのが一般的です。

2.　異文化適応のプロセス

　適応のプロセスは個人差が大きく、誰もが心身の不調に陥るわけではありません。また、カルチャー・ショックに陥った人びとも、多くの場合は、新しい環境に慣れるにつれて回復していきます。その変化のプロ

---

[1]　八島・久保田（2012, p. 211）

セスを表現した有名なモデル図が **U カーブ**（U curve[2]：図 10-1 左）です。異文化適応を果たす、ということは、以前身につけていた日常的な習慣や行動規範を、移動先の社会や集団にあわせて変えることを意味します。そのため、新しい社会に適応した後に帰国すると、以前は何も感じなかった母国の日常生活に、居心地の悪さや違和感を覚えることがあります。これが**リエントリー・ショック**（reentry shock）と呼ばれるストレス反応です。このように、母国と文化の異なる土地を往復することで生じる二回の適応を視野に入れてプロセスを表現したモデル図が、**W カーブ**（W curve[3]：図 10-1 右）です。

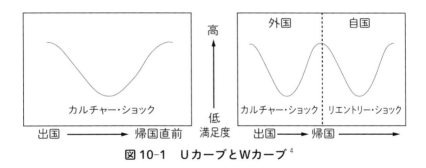

図 10-1　U カーブと W カーブ[4]

　一方、異文化環境に移動すると、人はストレスを受けながらもそれに適応しつつ成長する、と考えるストレス・適応・成長曲線（図 10-2）のようなモデルもあります。人が異文化環境でストレスを受けると、それに適応して回復するというプロセスを何度も繰り返しますが、長い目で見ると、全体としては成長に向かっている、と考えるのがこのモデルです。

2　Lysgaad（1955）
3　Gullahorn & Gullahorn（1963）
4　八代・町・小池・磯貝（1998, p. 245）をもとに作成

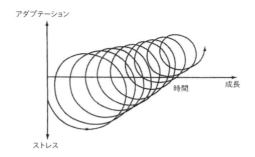

図 10-2　ストレス・適応・成長曲線[5]

　このモデルを考えたキムは、アメリカに移民した韓国人を対象に長期間の調査を行いました。移民が対象の研究なので、Wカーブのように、帰国して元の文化に適応する段階は含まれていません。
　ここで紹介した異文化適応モデルは、いずれも私たちの異文化適応を説明する代表的理論として長らく支持されてきました。しかし、近年では人びとの国境や文化を越えた移動がよりダイナミックに行われ、移動の実態や目的も多様化しています。そのため、これらのモデルのように単純化した説明では異文化適応の多様な現実をカバーするには限界がきているのも事実です。

3.　移動する人びとと多文化社会
■異文化接触場面で重要になる文化とは

　みなさんは「文化」と聞くと何を思い出しますか。歌舞伎のような伝統芸能や美術・工芸品も文化ですが、異文化接触で私たちが考えなければならない文化とは、ある集団に属する人びとが無意識のうちに共有する行動や考え方の規範です。これを、久米昭元と長谷川典子は以下のように説明しています。

5　Kim (2001, p. 57)。八島・久保田 (2002, p. 221) をもとに作成。

（文化とは）ある状況において自分がどう振る舞えばよいのかについて瞬時に判断するときに基準とするルールのようなものであり、自分の住んでいる地域では当たり前となっている共通の「考え方の癖」、あるいは「行動の仕方」「ものの見方」といってもよい。[6]

　一般に、人間は特定の集団のなかで育ちます。その成長の途中で、周囲の人びとの価値観やルールを真似ながら自然と身につけます。そのため、その集団で何かを考えたり行動したりするときは、自らの言動がその集団の文化に従っているとは自覚しません。周りと同じなので、集団特有のルールとは気づかないのです。また、人びとの考えや行動に反映される文化は、外から見ただけでは違いがわからないこともあります。相手とコミュニケーションを交わし、行動をともにして初めて、相手と自分の文化の違いに気づくこともあります。日本で生まれ育った人びとなら、海外旅行や留学生との接触によって、自分の習慣や考え方が日本的だと実感するのではないでしょうか。私たちの頭と体には、各自が育った集団の文化が深く刻まれているのです。

■人の移動と異文化接触の増加
　交通機関も通信手段も発達していない時代に、人びとが生まれ育った土地を離れて異文化接触を体験することは滅多になかったはずです。異文化接触は、国や大陸を越えての移動が手軽になると同時に飛躍的に増えました。仕事のために一時的に海外へ移動する人や、そこで暮らすために移民する人もいました。そのような人びとが集まって成立した国家が、アメリカやオーストラリアです。最近は、特定の民族が圧倒的多数を占める日本のような国でも、海外からやってくる人たちの増加に伴い、国内に複数の文化が存在する時代を迎えています。

6　久米・長谷川（2007, p. 4)

■外国人住民集住都市・大泉町の変化

現在の外国人住民（中長期在留者と特別永住者）の、日本の総人口に対する割合は2%弱といわれます。ところが、もし住民が20人いたら、そのうち3人が外国人という町もあります。それが群馬県大泉町です。大泉町は、古くから大手メーカーの工場があり、バブル景気による人手不足を契機に、日系ブラジル人の働き手が来日するようになりました。2016年における大泉町の外国人住民比率は16.6%で、現在はペルーやネパール等の出身者も暮らす多国籍の町として知られています[7]。

90年代初頭、日系ブラジル人の来日が始まった頃のこの町では、彼らと地元住民のあいだでさまざまな摩擦が起きました。ゴミ捨てや駐車違反、騒音トラブルなどはその代表です。その多くは、彼らの母国での生活習慣に基づく行動がトラブルの原因といえるでしょう。また、行政側や住民たちが、急増した外国人住民の対応に不慣れだったことも否めません。

四半世紀が過ぎたいま、対立は完全に解消したとはいえませんが、かなり落ち着いた印象です。日系人たちの存在は、ブラジルタウンを象徴する大泉町の観光資源となり、多くの観光客が訪れるようになりました。町内の世話役を引き受ける日系ブラジル人住民も現れ、日本人住民の彼らに対する認識も、「外来者」から「同じコミュニティの人びと」に変わりつつあります。

この大泉町の例が示すのは、多文化共生の町づくりは一朝一夕には実現しない、ということです。同時に、時の流れとともに新たな問題も浮上しています。ブラジル人の親とともに来日した子どもたちの、日本語習得や進学などの教育問題はその一つです。ただし、外国人住民をめぐるこれらの問題は、大泉町だけではなく、外国人が集中的に住む全国の市町村に共通する悩みでもあります。そこで、これらの市町村は「外国

7　外国人集住都市会議 http://www.shujutoshi.jp/index.html の平成28年度会員都市データ http://www.shujutoshi.jp/member/pdf/2016member.pdf

人集住都市会議」[8] という組織を結成し、さまざまな問題解決に向けて毎年、話し合いを行っています。

■自分の文化と相手の文化をどう考えるか

文化的背景の異なる人がある社会へ移動した後、周囲とは関わりを持たずに暮らす人もいれば、移動先の集団に溶け込んで暮らす人もいます。

多文化主義の研究者として知られるベリーは、異文化環境に暮らす個人や集団に二つの問題提起をしました。それが、「自分の文化的なアイデンティティや特徴を維持することを重視するか」と「移動先の社会の人びととの関係性を維持することを大切にするべきだと思うか」という問いです。彼は、異文化間移動をした人びとが、二つの文化（＝受け入れ先の文化と自分の文化）にどのような価値を置くのか、それによって新しい社会における集団・個人の位置づけが、同化・統合・分離・周辺化のうちいずれかに決まると考えました。これが**文化変容ストラテジー**（acculturation strategy）と呼ばれる図10-3のモデルです。

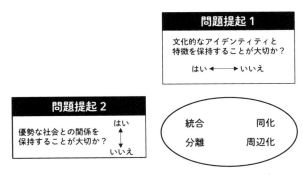

図10-3　ベリーの文化変容ストラテジー[9]

8　外国人集住都市会議 http://www.shujutoshi.jp/index.html
9　Berry（1997, p. 53）。渡辺（2002, p.82）をもとに作成。

158　第 10 章　人の移動と異文化適応

　円中の、四つのマトリクスの状態は、前述した二つの課題に対して人
びとがそれぞれどの答えを選ぶかで決まります。まず、新たに移動した
人びとが自文化に対する帰属意識や文化的な特徴を大切にせず、強い新
しい社会と積極的に関わろうとするなら、新しい社会に「同化」する状
態です。対照的に、自文化への帰属意識を強く維持し、新しい社会との
結びつきは重視しないのが「分離」です。これは、新しい社会とはあま
り関わらず、自らの文化的価値観や特徴を最優先に暮らす状態です。
「周辺化」[10] は、その社会の周辺部にいて、自文化も、新しい社会の文
化も維持しようとはしない点が特徴です。「統合」は、参入側が移動先
の価値観を受け入れると同時に、社会の側も新しい人びとのために調整
を行います。つまり、受け入れ側と移動側で、強制ではなく、双方の自
発的な歩み寄りがある場合にのみ、両者の文化が融合した新たな文化的
集団が誕生します。これが、複数の文化や価値観の存在を許容する多文
化社会と呼ばれる社会の姿であるとベリーは説明します。

　日本でも多様な文化的背景を持つ住民が増えつつあり、欧州方面では
移民や難民の受け入れを巡って激しい議論が続きます。新たに移動した
人びとがその社会でどのように迎えられるかという点は、受け入れ側社
会がどのような社会を目指すのか、という目標と無関係ではありませ
ん。日本社会の今後について、ベリーのこのモデルから考えさせられる
ことはたくさんあります。

■自文化中心主義と文化相対主義

　近ごろ、日本のバラエティ番組では海外の人びとが日本を絶賛する映
像をよく見かけます。日本の高度な生産技術や伝統文化を、彼らが驚
き、賛美することを日本人は歓迎しているようです。もちろん、多くの
国で人びとは母国を誇りに思い、その文化に愛着を感じています。しか
し、その気持ちが極端に強くなると、自国が一番だと考え、自分たちの

───────────
10　異文化社会から排除されると同時に、文化的な「同化」を強いられたときにのみ発
生する状態で、ベリーも稀な状態と説明しています。

価値観や習慣を絶対的な判断基準にしがちです。その結果、他国の人びとや文化を否定的に評価して、「だから○○人はダメなんだ！」と決めつけることがあるかもしれません。そのような考え方を**自文化中心主義**（ethnocentrism）と呼びます。

その典型例が、戦前の日本です。当時の日本は、神の子孫たる天皇の下、日本人は他を圧倒する素晴らしい民族と信じてアジア全域へ進出し、各地の人びとを自分たちの価値観で一方的に染めようとしました。そんな日本統治時代に、各国の義務教育で提供されたのが日本語教育です。いまも台湾には日本語世代と呼ばれる台湾人の高齢者がいますが、彼らは日本語で学校教育を受け、天皇を敬い、正直や勤勉を旨とする価値観を教え込まれた人びとです。

この自文化中心主義に対し、どの文化・民族もそれぞれ平等なものと見なして受け入れる態度を、**文化相対主義**（cultural relativism）といいます。このような物の見方は、多文化社会では特に重要だといわれています。

しかし、文化相対主義にも問題がないわけではありません。どの文化も平等であると考えると、文化的習慣による行為ならば、あらゆる行為を認めざるを得なくなるからです。極端な例ですが、一部のイスラム諸国に見られる女子教育は不要という考え方や、アフリカにおける女性器切除[11]の習慣も、彼らの文化に基づく行為だといわれたら反対ができなくなります。そのため、たとえ文化に由来していても人権侵害につながる行為は認められないと強く反対する人びとと、自文化の伝統や習慣に忠実であろうとする人びととのあいだで対立が生じています。

■ムスリム観光客の眼から見た日本

訪日外国人観光客が増えています。2005 年より、600 万人から 800 万

11　文化的な価値観に基づき、女性器の一部をナイフや鋭利な石などで切除する伝統的な行為です。いまもアフリカの一部で、主に少女たちに対して行われています。原始的な施術のため激痛や出血を伴い、命を落とすこともあります。

人のあいだで推移していた数字が、2013年以降は史上最多を更新し続け、2016年には2403万人の外国人観光客が日本を訪れました[12]。

　そのうち、ムスリム（イスラム教徒）の訪日観光客に対する日本社会の受け入れ状況を考えてみましょう。彼らには宗教上、守らねばならない習慣がいくつかあります。なかでも、1日5回の礼拝と、豚肉やアルコールを禁じる食習慣や特定の時期に日中の食事を控える断食はよく知られています。信仰に篤い彼らの日常生活は、宗教的なルールに基づいて営まれており、その母国には、彼らの習慣に合わせた設備やサービスが整っています。

　しかし、日本ではそうはいきません。観光ツアーの途中でお祈りをしたくても、祈祷室が設置された建物はごく少数です。外食店のメニューを見ただけでは、みりんや醤油などのアルコールを含む食品が入っているかどうかは判断できません。女性は、ヒジャブ（髪を隠すためのスカーフ）をじろじろと見られるかもしれません。イスラム文化圏ではあり得ないことでしょう。

　個人が特定の宗教を信じることは、日本国憲法で保障されている自由であり、世界でも人権に関わる大切な自由の一つとして認識されています。現在、日本では観光というビジネス的な視点から、ムスリムの人びとの受け入れ体制を改善しようという動きがありますが、そもそも、どの宗教を信仰する人も、日常生活で根拠なく不都合を強いられることがあってはならないのです。日本はいま、外国人住民や外国人観光客の増加により、多文化社会に向かっているように見えますが、生活習慣や価値観が異なる人びとと多数派のあいだで合意が形成されたわけではありません。彼らをどう受け入れ、どのような社会を目指すのかという議論が必要な時期に来ているようです。

12　日本政府観光局（2017）

■子どもの発達と第二言語習得

　国境や文化を越えて移動する人びとのなかには、小さな子どももいます。また、移動した家族が新たな地で子どもを授かることもあるでしょう。心身の発達途上にある小さな子どもにとって、文化や言語が一変する文化間移動や、複数の言語環境はどのような影響を与えるのでしょうか。

　生まれたばかりの赤ん坊を思い浮かべてください。この頃に口から出るのは、「あー」などの単なる発音で、意味を持った言葉とはいえません。しかし、成長とともに、親や身近な大人とコミュニケーションを交わすようになり、赤ん坊は周りの環境から徐々に言葉を身につけていきます（図10-4）。

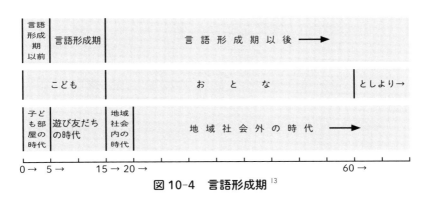

図10-4　言語形成期[13]

　その後、一般には10代半ばで言語習得は完成するといわれます。そこまでの子ども時代は、体の成長同様、言語習得の上でも発達の時期といえます。特に、5歳までの幼児期は、言語能力の礎となる母語の基礎を身につける大切な時期と考えられています。

13　中島 (1998, p. 23)

162　　第 10 章　人の移動と異文化適応

　では、そんな子どもたちに対して、異文化への移動はどのような影響
を与えるのでしょうか。ニューヨークで、日本人の子ども向けに日本語
の保育を提供する幼稚園で園長を務める早津邑子は、突然、英語の世界
に連れてこられ、わからない言葉のなかで心身の不調に陥った 2〜3 歳
の日本人の幼児を何度も見てきたそうです。彼らにとって言語環境の変
化は大事件であるにも関わらず、「小さいから英語はすぐに覚える」と
いう親の思い込みが、子どもの発育に取り返しのつかない事態を招くと
その園長は警鐘を鳴らしています[14]。

　また、移動後の 2 言語環境が子どもの言語発達に影響を与えることも
あります。アメリカの幼稚園と小学校に通う外国人児童の英語習得を調
査した内田伸子によると、幼児期に渡米した小学生は、英語の発音はネ
イティブ並みでも、文法は母語話者の 3〜5 歳並みの誤りが多かったそ
うです。以下の表 10-1 を見てください。

表 10-1　物語に見られる文法の誤り [15]

文法項目（例）	母語話者	第 2 言語学習者	有意水準
接続詞			
因果関係（so, because）	12.8	33.8	p<.05
時間関係（and, then）	10.3	10.8	n.s.*
時制	16.6	52.3	p<.05
複数形（-s, es など）	8.3	53.8	p<.01
限定詞（a, this, his, many など）	18.5	68.3	p<.05
代名詞（he, they など）	15.5	48.9	p<.05
助動詞（can, will, may など）	9.7	51.9	p<.01
動詞（目的語が二つ必要など）	7.2	34.6	p<.05

＊ の項目のみ、第 2 言語話者（小学生：キンダーガーデン 5 年生）は母語話者（幼児 3〜
5 歳）と同程度の誤りを示した。

14　内田・早津（2004）

15　内田（1999, p. 218）。早津（2004, p. 146）をもとに作成。

これは、内田の研究チームが、幼児期に渡米した小学生に物語を語ってもらい、その１文（命題を含む１発話）ごとに、各文法項目の間違いがいくつあるのか、その比率を算出したものです。子どもたちの英語には、どの文法項目を見ても、英語母語話者の幼児（３〜５歳）より多くの誤りがありました。発音はネイティブ並みなので、日常的な会話場面で聞き流す限り、第二言語の英語が完璧に習得できていると親は錯覚しますが、発話の文法をじっくり確認してみると、年齢不相応な間違いが多く含まれているのです。本来、母語の基礎をつくるべき時期にいきなり二つの言語に囲まれ、どちらも年齢相応に習得することが子どもたちにとっていかに困難かが想像できます。

　ところで、会話では目立ちにくい英語の文法ミスも、現地校の作文の時間となるとそうはいきません。ネイティブの先生からは、他の子どもたちよりも多くの文法ミスを指摘されることになります。つまり、ノンネイティブの親が発音を聞く限りは問題がなさそうでも、ネイティブの眼で文法を細かく見ると、年齢相応の正しい英語使用ができていないことはすぐにわかります。

　バイリンガル研究者として知られる中島和子も、「母語の基礎が完成する２歳から４、５歳の間に母語のノーマルな発達が阻まれると、言語発達全体が遅れてしまい、２言語環境の犠牲者になる可能性がある」[16] と指摘しています。複数の言語習得をしていても、その根底部分は一つと考えるカミンズの２言語共有説（図10-5）が示すように、基礎となる言語が一つ、確かに習得されることは、言語発達全体にとって重要なステップといえます。

16　中島（1998, p. 66）

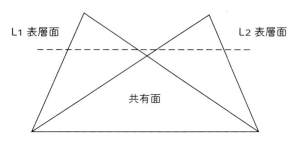

図 10-5　カミンズの「2 言語共有説」[17]

　さらに、前出の中島が、カナダへ移動した日本人の子どもの日本語と英語の依存関係を調査したところ、日本語の読解力に優れた子どもは英語の読解力も高い傾向にありました。さらに、日本語の運用能力が高い子どもは、英語による応答の仕方も優れていたそうです。母語の日本語で話すときに、他者と積極的にコミュニケーションをとれるかどうかが、その子どもの英語能力を左右する重要な要因だと中島は説明しています[18]。これは、母語の言語能力や学力が、第二言語の言語能力や学力にも反映されることを示しています。

　これらの研究結果が示すことは、複数の言語が並存する環境で育つ子どもでも、母語となるべき言語が年齢相応に発達することが重要という点です。ところが、「海外に移動したら、母語と第二言語の双方が自然と身につくだろう」と考える人は少なくありません。また、バイリンガルといっても、2言語ともバランスよくネイティブレベルに到達する人ばかりではないことも、あまり知られていないようです。実際には、二つの言語のうち、一つはネイティブレベルでも、もう一つの言語はそこまで到達していない、というバイリンガルは珍しくありません。第二言語での日常会話はできても、読み書きは苦手、というケースもあります。さらに、どちらの言語も十分に習得できず、その結果、認知的な発

17　中島 (1998, p. 37)
18　中島 (1998)

3. 移動する人びとと多文化社会　165

達に影響の出る場合もあります。

　加えて、子どもがある一定のレベルにまで特定の言語を習得しても、親の帰国によって言語的な環境が大きく変わることもあります。その場合、習得した第二言語の保持が難しくなるのが一般的です。海外では現地の言語で近所の友達と遊んでいたのに、帰国したらすぐに忘れてしまった、という帰国児童生徒の体験談は、みなさんも聞いたことがあるかもしれません。対照的に、異文化環境に留まった結果、母語よりも第二言語のほうが得意になるケースもあります。日本人の親とは日本語で話すものの、漢字や日本語の読み書きは苦手、という海外育ちの子どもたちはその典型です。

　いずれの例を考えてみても、子どもの言語習得は未完成で発達の途上にあることがわかると思います。言語や生活の環境によってその発達が左右されることを、周りの大人は十分に理解する必要があるでしょう。

■子どもの第二言語習得と日本の学校教育

　日本にも、複数言語に囲まれ、日本語が第二言語という子どもはたくさんいます。外国籍の親とともに来日した子どもや、国際結婚カップルの子どもです。2015年の統計によると、彼らのうち最多は、母語がポルトガル語の日系ブラジル人の子どもたちです。2位は中国語、3位にはフィリピノ語が母語の子どもが続きます[19]。彼らにとって、家庭内での使用言語はポルトガル語や中国語で、日本語は学校や地域で使用する言語です。

　彼らのなかには、成績不振や将来の進学に悩む子どもたちが少なくありません。来日直後で、日本語がまだ話せない子どもの場合は、日本語による授業に参加することが難しく、成績不振も理解されやすいのですが、すでに日本語の日常会話ができる子どもの場合は、成績不振の原因が日本語能力とは見なされない傾向にあります。彼らは、日本語による

19　文部科学省 (2016)

166 第10章 人の移動と異文化適応

日常的な会話では不都合がないからです。では、なぜ成績不振に陥るのでしょうか。

　言語を使う能力には、大きく分けて二つの種類があるといわれます。それが、**日常言語能力**（BICS：Basic Interpersonal Communicative Skill）と**認知学習言語能力**（CALP：Cognitive Academic Language Proficiency）です。前者は、日常生活で他者と日常会話を交わすための言語能力で、後者は、学校で教科学習をするための認知面の言語能力と定義されています[20]。

　「それ、一つください」のように、具体的で文脈から意味を理解できるBICSに比べて、「平行」「政治」などの抽象的概念を表す語彙を駆使して教科を学ぶためのCALPは、難易度が高く、習得も時間がかかります。一般に、BICSが1〜2年で習得できるのに対して、CALPはその倍以上の時間がかかるといわれており、両者の習得には時間差があります。また、日本語はネイティブ並みと思われる外国人の子どもの場合でも、その語彙力を動詞に限定して日本語モノリンガルの子どもと比較すると、「（目薬を）さす」「（ハンガーを）かける」等のごく日常的な日本語の基本語彙が習得されていない、という指摘もあります[21]。こうしたバイリンガルの子どもの言語能力に関する研究を見ると、彼らの言語習得と保持は、さまざまな要素が複雑に絡み合っていて単純には説明できないことがわかるでしょう。しかし、近年の脳科学やデータ測定方法の著しい進化により、子どもの第二言語習得研究やバイリンガル研究が今後、飛躍的に発展する可能性は大いにあります。

■確認問題

　以下の文章の空欄ア〜エに適当なキーワードを書きましょう。

　異文化環境に移動すると、日常生活の大小さまざまなことが異なるため、それらが重なってストレスとなり、心身に不調が発生することがあ

20　白井（2007）

21　西川・細野・青木（2015）

ります。それが、（ア）と呼ばれる不適応状態です。この状態は、新し
い環境に慣れるにつれて回復します。この不適応から回復までの過程を
モデル化したのが（イ）です。こうしていったん異文化環境になじんだ
後に帰国すると、今度は母国社会の大小さまざまなことに違和感を覚
え、ストレスを感じるようになります。この再入国時の不適応状態が
（ウ）です。このように異文化間を往復することで二回の文化的な不適
応とその回復を経験するプロセスをモデル化したのが（エ）です。

■ポストタスク1

　プレタスク1で取り上げたあなた自身のカルチャー・ショックについ
て、(1) そのカルチャー・ショックはなぜ起きたのでしょうか。(2)
ショックを受けた後の心身はどのように変化しましたか。本文で紹介し
たモデルを手がかりにしながら、それぞれの体験をグループで話し合っ
てみましょう。

■ポストタスク2

　あなたの身の周りで、(1) 海外からやってきた人びとが対象、(2) あ
らゆる国の出身者が対象、(3) 日本で生まれ育った人びとのみが対象、
と思われるポスター・標識・案内・商品等を、公共交通機関やデパート
などの商業施設、市役所などの公的機関で探してみましょう。日本に暮
らす外国人や、日本を観光する外国人にとって、日本の各種サービスに
おける多言語・多文化対応は十分なのか、グループで話し合ってみてく
ださい。また、海外を訪れたことがあれば、その国のサインやサービス
を日本の場合と比較してみましょう。

■さらに知りたい人のための読書案内

①岩城けい（2015）『Masato』集英社.
　　☞父親の転勤でオーストラリアに引っ越した安藤一家。その息子
　　「真人（まさと）」の視点で、文化間移動をした家族の変化が描か

168　第 10 章　人の移動と異文化適応

れた小説です。各人の異文化適応や子どもの第二言語習得の様子
がリアルに伝わります。

②映画『台湾人生』（2008 年・酒井充子監督）
　☞日本語世代の台湾人高齢者を描いたドキュメンタリー映画。彼ら
　　のなかには、流暢な日本語でいまなお日本統治時代を肯定的に語
　　る人びとがいます。言語教育が個人の人格形成にいかに大きな影
　　響を与えるかを考えさせられます。

■参考文献

内田伸子 (1999)「第 2 言語学習における成熟的制約」桐谷滋 (編)『ことばの獲得』
　　(pp. 195-228)　ミネルヴァ書房.
外国人集住都市会議　http://www.shujutoshi.jp/index.html (2017 年 4 月 1 日閲
　　覧)
久米昭元・長谷川典子 (2007)『ケースで学ぶ異文化コミュニケーション―誤解・
　　失敗・すれ違い―』有斐閣.
白井恭弘 (2007)「言語習得・発達」佐々木泰子 (編)『ベーシック日本語教育』(pp.
　　64-95)　ひつじ書房.
中島和子 (1998)『バイリンガル教育の方法』アルク.
西川朋美・細野尚子・青木由香 (2016)「日本生まれ・育ちの JSL の子どもの和
　　語動詞の産出―横断調査から示唆される語彙力の『伸び』―」『日本語教育』
　　163，1-16.
日本政府観光局 (2017)「訪日外客数 (年表)」http://www.jnto.go.jp/jpn/statistics/
　　visitor_trends/ (2017 年 4 月 1 日閲覧)
早津邑子 (2004)『異文化に暮らす子どもたち―ことばと心をはぐくむ―』内田伸
　　子 (監修)　金子書房.
文部科学省 (2015)「日本語指導が必要な児童生徒の受入状況等に関する調査 (平成
　　26 年度) の結果について」http://www.mext.go.jp/a_menu/shotou/clarinet/
　　genjyou/1295897.htm (2017 年 4 月 1 日閲覧)
八島智子・久保田真弓 (2012)『異文化コミュニケーション論』松柏社.
八代京子・町惠理子・小池浩子・磯貝友子 (1998)『異文化トレーニング ―ボーダ
　　レス社会を生きる―』三修社.
渡辺文夫 (2002)『異文化と関わる心理学』サイエンス社.
Berry, J. W. (1997). Immigration, acculturation, and adaptation. *Applied
　　psychology: An international review, 46*(1), 5-34.

Gullahorn, J. T. & Gullahorn, J. E. (1963). An extension of the U-curve hypothesis. *Journal of Social Issues, 19*, 33-49.

Kim, Y. Y. (2001) *Becoming intercultural*. Thousand Oaks, CA: Sage.

Lysgaad, S. (1955) Adjustment in a foreign society: Norwegian Fulbright grantees visiting the United States. *International Social Science Bulletin, 7*, 45-51.

第11章

文化的差異と異文化コミュニケーション

言いたいことが外国人にうまく伝わらないのはなぜ？

■プレタスク1

　ある日、お隣の住民に「あのう…、夜遅くにお宅のテレビの音がうる
さいんですけど…」と言われました。あなたならどう答えますか？

■プレタスク2

　留学生との会話や、海外を舞台にしたテレビや映画のなかで、「あ
れっ、何か違うのでは？」と感じた会話の表現や行動はありますか？

1.　異文化コミュニケーションに現れるさまざまな文化的差異

　文化的背景の異なる人とコミュニケーションを交わしたときに「あ
れ？」と思った経験はありませんか。会話の表現・考え方（価値観）・
行動など、出身文化が異なれば、コミュニケーションのさまざまな要素
も異なります。ここではまず、言語を用いた伝え方（**言語メッセージ**
（verbal message））と、言語以外の方法による伝え方（**非言語メッセー
ジ**（nonverbal message））に分けて、どのような違いがあるのか考えて
みましょう。

2.　言語によるコミュニケーションと文化的差異

　日本語学習者によると、「日本人は謝ってばかりだ」と言います。彼

らにいわせると、電車やエレベーターを降りるとき、ウエイトレスに声をかけるとき、間違って他人の足を踏んでしまったとき、いつも日本人は「すみません」と謝っている、というのです。確かに、多くの日本人が1日に何度も「すみません」を使いますが、毎回、謝罪のつもりで使う人はまずいないでしょう。実際には、「ありがとう」や「ちょっと」の代わりの呼びかけの意味で使っているケースを多く含むのではないでしょうか。

■文脈と私たちのコミュニケーション

このように、一つの言葉が、場面に応じて複数の意味で使われることは珍しくありません。日本語母語話者は深く考えることなくすぐに解釈しますが、学習者には即座の判断が難しいこともあります。相手の「すみません」の意味は、前後の文や場面を手がかりにしないと判断しにくいからです。

このように、言葉以外の、その場面から得られるさまざまな情報を、**文脈**または**コンテクスト**（context）といいます。具体的には、会話が交わされる場所・事物等の配置・会話参加者の人間関係・人びとの空間的位置・過去の出来事・先行する会話内容などのあらゆる情報が**文脈／コンテクスト**です。みなさんも、明確に言葉にせずとも誰かに何かを伝えていることがあるのではないでしょうか。老夫婦の夫が「おい」と言っただけなのに、妻が「はいはい、お茶ですね」と応じられるのは、長年の習慣・時間帯・場所・相手の嗜好などの情報が文脈として存在するからです。

■高コンテクスト文化と低コンテクスト文化

日本語は、文脈に依存して情報を伝達する傾向が強い言語といわれます。その場合、聞き手は、文脈からも情報を得るよう努める必要があります。たとえば、アパートの隣人に「あのう…実は、お宅のテレビの音が…」と言われたら、おそらく「あ、すみません！うるさかったですか

2. 言語によるコミュニケーションと文化的差異

…？」と返答する人は少なくないでしょう。しかし、純粋に言語表現だけを聞くと、この表現では意味がわかりません。テレビの音がどうなのか、それに対してどのような行動をしてほしいのか、肝心の部分が語られていないからです。それでも、文脈から情報を読み取って、相手とのコミュニケーションを成立させるのが日本社会の文化的な特徴といわれます。このような特徴を持つ文化を、**高コンテキスト文化**（high-context cultures）と呼びます。隣の家の住人に「お宅のお子さん、ピアノが上達しましたね」と言われたら、「ピアノがうるさい」という苦情として受け取るべきだ、という笑い話が成り立つのも、日本ならではといえるかもしれません。言葉に表現されなくても、その場の「空気を読める」人は、日本では評価される傾向にあるようです。

こうして考えてみると、日本文化がコンテキストに依存して情報を伝達する、高コンテキスト文化のランキング上位に位置づけられるのが理解できるのではないでしょうか（図11-1参照）。対照的に、文脈の情報に大きく依存せず、主に言語で表現された情報によって意思を伝える文化もあります。これが、**低コンテキスト文化**（low-context cultures）です。一般に、欧米社会はその傾向が強いといわれます。

各文化のコンテキスト度

高コンテキスト文化
● 日本人
● アラブ人
● ギリシア人
● スペイン人
● イタリア人
● イギリス人
● フランス人
● アメリカ人
● スカンジナビア人
● ドイツ人
● ドイツ系スイス人
低コンテキスト文化

図11-1　各文化のコンテキスト度

■「共話」と私たちの日常会話

高コンテキスト文化と低コンテキスト文化では、会話が展開されるパターンにも違いがあるといわれます。日本語による会話では、しばしば相手が何を話そうとしているのかを聞き手が予測し、と

1　Samovar & Porter（1991, p. 20）

きには話し手の発話に部分参加することがあります。談話研究で知られる水谷信子は、そのような会話の進め方を**共話**と呼び、英語圏の人びとの、一人の発話が文末まで完結して交替で進む対話とは対照的であるとして次のように説明しました[2]。

　　自分の発話を完結させず、相手の理解に委ねる形式は、進んで相手の発話を引き取って完結させることへと自然につながって行く。
　　……昨日ちょっと用があって鎌倉へ…
　　と言いかけた相手の話を引き取って、
　　……あ、おいでになったんですか。
　　という。

　水谷が、共話と対話の進み方を、線で表現して比較したのが以下の図11-2です。直線は、話し手Aと話し手Bの発話を示します。対話の場合、直線が交互に現れ、互いに自分の発話を完結していることがわかります。ところが、共話の場合はAとBの発話の境目が曖昧で、誰が誰の発話をしているのか区別がつきません。双方が一緒にどちらか一人の発話を構成しているのです。

図11-2　対話と共話[3]

　このような日本語会話に独特の共話と呼ばれる話し方について、水谷は、全部言わなくてもわかってくれる相手がいることは楽で心強い、とその良さを認めています。ただし、職場や公的なスピーチなどの場面で

2　水谷（1993, p. 9）
3　水谷（1993, p. 6）

は、「相手との共通理解を前提とせず、相手の賛同や同感を特に期待せず、しかも自分の意思や意見を相手に理解させることを目的として話す」対話型の話し方を日本人は身につける必要があるのではないか、とも主張しています[4]。

確かに、「共話」は、お互いが同じことを知っている・考えている、という文脈のおかげで成立する会話の進め方です。しかし、異文化接触場面では、相手と自分の考える「当たり前」が異なることがあります。そのような場面においても、「はっきりと言葉にしなくてもきっとわかってくれる」と期待して（もしくは、無意識のうちに）「共話」的な話し方をすると、文化的背景の違う聞き手にはうまく伝わらないかもしれません。日本人は自分たちの会話スタイルが海外とは大きく異なることを自覚して使い分ける必要がありそうです。

■ **文章や会話の展開に現れる文化的差異**

もともと、文章や会話の展開は文化に応じて異なるといわれています。それを指摘したさきがけの研究者がカプランです。カプランは、アメリカで学ぶ世界各国の留学生が書いた作文をもとに、その文章の展開を分析し、図11-3のように出身文化に応じた特徴をモデル化しました。

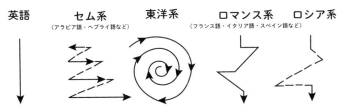

図 11-3　カプランによる文化的な思考パターンの分類図[5]

4　水谷（1999, p. 9）

5　Kaplan（1966, p. 15）

176　第11章　文化的差異と異文化コミュニケーション

　この研究では、複数の文化が、おおまかで曖昧なカテゴリーでひとく
くりにされている点がたびたび批判されますが、単純明快で、興味深い
分析結果といえるでしょう。たとえば、英語圏の人びとの結論までがス
トレートな作文に比べると、東洋系の作文は結論に至るまで渦巻き状に
長いというそれぞれの文章の展開における特徴が端的な図に表現されて
います。このように、会話や文章の構造には、一定の文化的な特徴が見
られる、と指摘する研究は他にもあります。スコロンとスコロン[6]は、
話題を始めるときに、西洋は演繹型（一般的な理論から個々の事例を論
証する構造）を好む一方、東洋は帰納型（個々の事例から結論を導く論
理構造）を好むとしています。対照言語学に詳しい西原鈴子[7]は、日米
の新聞社説を素材に、アメリカの社説では主張が冒頭部分に集中するの
に対し、日本の新聞社説では終盤に主張が多いことを指摘しました。

　また、こうした文章や会話の展開の他に、自分に関するどんな情報を
誰に話すか、という自己開示も出身文化ごとに差があると指摘されてい
ます。バーンランドが日米両文化の自己開示について調べた研究結果を
見てみましょう（図11-4）。色が濃くなるほど、詳しく話せる話題であ
り、開示できる相手であることを示します。色の濃い部分は日本人より
もアメリカ人のほうが多く広がり、日本人に比べるとアメリカ人は全体
的に自己開示の大きい傾向にあることがわかります。みなさんは、それ
ぞれの話題について、誰になら、どの程度を開示してもいいと考えるで
しょうか。

6　Scollon & Scollon（1995）

7　西原（1990）

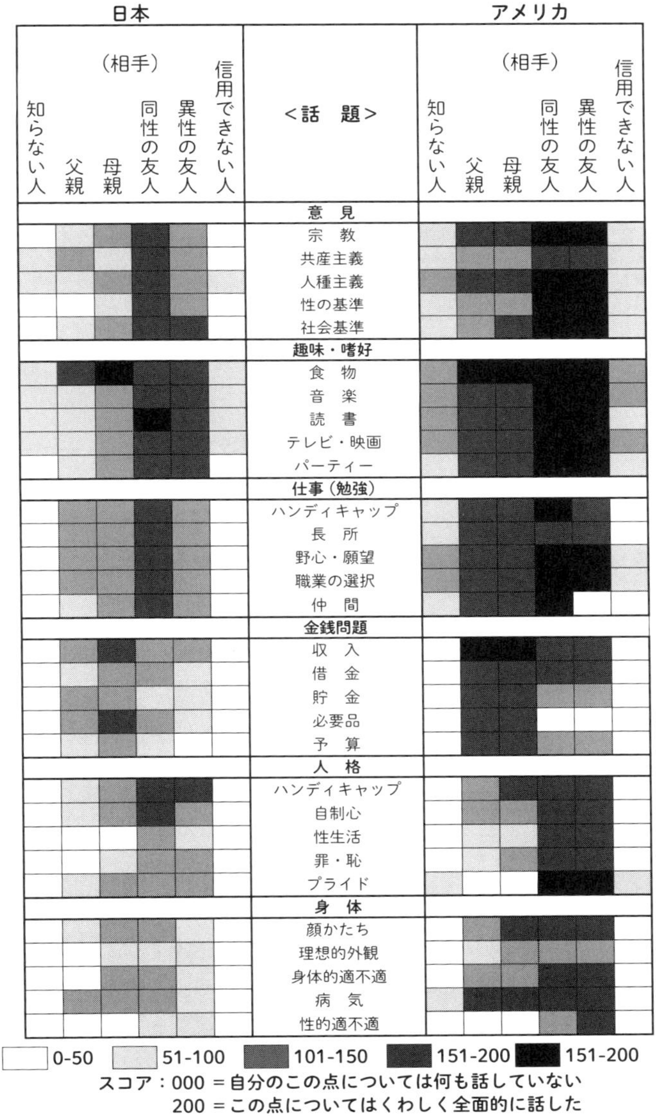

日本						<話 題>	アメリカ					
	（相手）				信用できない人			（相手）				信用できない人
知らない人	父親	母親	同性の友人	異性の友人			知らない人	父親	母親	同性の友人	異性の友人	

意見：宗教、共産主義、人種主義、性の基準、社会基準

趣味・嗜好：食物、音楽、読書、テレビ・映画、パーティー

仕事（勉強）：ハンディキャップ、長所、野心・願望、職業の選択、仲間

金銭問題：収入、借金、貯金、必要品、予算

人格：ハンディキャップ、自制心、性生活、罪・恥、プライド

身体：顔かたち、理想的外観、身体的適不適、病気、性的適不適

0-50　51-100　101-150　151-200　151-200

スコア：000 ＝ 自分のこの点については何も話していない
　　　　200 ＝ この点についてはくわしく全面的に話した

図 11-4　会話における自己開示の日米比較 [8]

8　バーンランド（1979, p. 105）

178　第11章　文化的差異と異文化コミュニケーション

■グローバル企業の会議と文化的差異

　会話や文章表現に前述したような違いがあったとしても、他愛のない日常会話の場合や、マスコミの情報を読者として見聞きした場合はさほど大きな問題にはならないかもしれません。しかし、重要な商談や会議の参加者が、お互いの話し方に特徴があるとは知らず、母国にいるときと同じようなつもりでその場に臨んだ場合には、無用な誤解や衝突を招くこともあるでしょう。

　多文化ビジネスマネジメントを専門とし、多くのビジネスパーソンへ異文化理解を指導するメイヤーは、デンマークの多国籍企業の重役が日本支社で体験した戸惑いを次のように紹介しています。

　　　東京のマーケットにおける最善の方法を模索するために、私の意見には気兼ねなく反論してほしいと伝えて最初のミーティングを始めました。それから私はいくつかのアイディアを出して彼らの意見を求めました。沈黙。英語が流暢に話せる何人かに促しましたが、意見は出ません。私は議論を促しました。沈黙。意見を求めました。何人かが同意の印として単調に頷きました。
　　　グループが論争をしたり様々な意見を共有したりしない場合、どうやって生産的な議論にすればいいのか見当もつきませんでした。デンマークで使っていたツールやテクニックはまったく役に立たなかったのです。[9]

　このデンマーク人重役は、ここから俄然、日本人のコミュニケーションの特徴について考え始めます。同僚の日本人重役にも助言を求めました。そして、日本人が重役や年長者に対して公的な場で反論することはない、という文化的な傾向を知ったのです。その後、彼は、部下に対して最初から自分の意見を伝えることを止めました。さらに、自分抜きで

9　メイヤー（2015, p. 258）

ミーティングを開いてもらい、そこで出た意見を報告として聞く形に切り替えました。それからは、ようやく日本人スタッフの意見を引き出せるようになったそうです。

　メイヤーは、そもそも国によって人びとがミーティングに求めているものが異なるのではないかと考え、世界各国出身のビジネスパーソンに、次のA～Cのどれを支持するのか質問しました。

　A　良いミーティングでは、決断が下される。
　B　良いミーティングでは、様々な意見が議論され熟慮される。
　C　良いミーティングでは、ミーティングの前に行われた決断が正式に承認される。

　すると、アメリカ人のほとんどはAを、フランス人は同じくBを選び、中国人と日本人はほとんどCを選んだそうです[10]。会議に対する期待がここまで異なっているのに、上記3ヶ国の出席者を集めた会議を開催することになったら、主催者は何を目指せばいいのでしょうか。ビジネスが国際化すると、このような違いが表面化し、関係者間の折り合いをつける必要も生まれてきます。グローバルに事業を拡大する企業ほど、異文化間衝突の克服は重要な課題といえるでしょう。

■辞書や翻訳では伝えきれない意味の違い

　日本語の謝罪表現「すみません」が、辞書や教科書で示されるよりも広い意味でごく日常的に使用されていることはすでに述べました。留学生が「日本人は謝ってばかり」と感じてしまうのは、「すみません」イコール「Sorry」と認識しているからです。この例でもわかるように、異なる言語間で、語彙と語彙の意味は100%対応しているわけではありません。辞書の上では対応するように見えても、ズレが発生することは

10　メイヤー（2015, p. 261）

180　第11章　文化的差異と異文化コミュニケーション

しばしばあります。その典型例として、八島智子と久保田真弓は、日本語と英語の対応する語彙で、両者の示す範囲が微妙に異なることを表11-1のように図式化しています。

表11-1　言語（日本語と英語）による世界の区切り方の違い[11]

日本語	姉		妹		足	
英　語	sister				foot	leg
日本語	湯	水		氷		
英　語	water			ice		

　また、翻訳が無力に思えるほど意味の異なる表現もあります。それが、同じ欧州大陸内の、イギリスとオランダの英語表現です。表11-2の対応表は、出典がよくわからないままネット上で広まったといわれる英蘭翻訳ガイドの一部を日本語訳したものです。同じ英語ながら、イギリス人の発話意図とオランダ人の解釈のあいだには驚くほどの違いがあります。そこで、イギリス英語独特の、ダウングレードと呼ばれる感情を抑えた慎重で控えめな表現は、他文化の聞き手に誤解を招きかねないと前出のメイヤーは指摘しています。

表11-2　英蘭翻訳ガイド[12]

イギリス人の英語	イギリス人の発話意図	オランダ人の解釈
あなたの言うことはわかったよ。 (I hear what you say.)	あなたの意見には全く同意できない。 (I disagree completely.)	私の意見を認めてくれた。 (I hear what you say.)
私のせいでしょうね。 (I'm sure it's my fault.)	あなたのせいなんだよ！ (I disagree completely.)	彼のせいなんだ。 (It is his fault.)
それは独創的な意見だね。 (Thats is an original point of view.)	頭がおかしいよ。 (you must be crazy.)	私の考えを気に入ってくれた。 (They like the idea.)

11　八島・久保田 (2012, p. 88)

12　Rottier, Ripmeester, & Bush (2011, p. 410)

また、英語は世界の共通言語として確固たる地位にある言語ですが、同時に、地域ごとに独特の特徴を持つ英語があります。加えて、日本人が話す英語を思い出すとわかるように、第二言語として学ばれた英語には母語の影響が強く反映されることもあります。英語といっても、実は多種多様なのです。前述した八島・久保田も、世界の共通言語だからこそ、実際に私たちが英語でコミュニケーションをとる相手のほとんどは非母語話者であり、多様な英語に出会うだろうと指摘しています。

どのような言語も、その言語における多様性を重んじるべきだという考え方がある一方で、利便性のために統一を求める声もあります。日本語でも、利便性を追求すると標準語以外は不要という結論になってしまいますが、同時に、方言に込められた文化的な価値やその土地の人びとが方言を使い続ける権利もある、と主張する人はいるはずです。このように考えると、あらゆる人びととの言語的人権を保護して英語の多様性を尊重すべきか、政治経済や学術研究における利便性を重んじて世界中の英語の標準化を推進すべきか、その判断の難しさが理解できるのではないでしょうか。

3. 非言語メッセージを用いたコミュニケーションと文化的差異

コミュニケーションといえば、言葉で伝えるものと考えがちですが、対面の場合、私たちは言葉以外の要素でもお互いの意図や感情を伝えあっています。聴覚と視覚から得られる豊かな情報はその代表です。たとえば、怒鳴り声で「怒ってないよっ！」と言われたら、言語表現としては「怒ってない」でも、大抵の人は怒っていると判断するでしょう。このような声の大小・音の高低・発話のスピードは、特定の情報を伝える非言語メッセージの一種で、**パラ言語**（paralanguage）と呼ばれています。さらに、会話をする私たちの目には、話し相手の表情や視線・うなずき・ジェスチャー・体の動きや姿勢が映ります。これらもさまざまな情報を伝える非言語メッセージです。背中を丸めてうつむく姿勢には落胆しているように伝わりますし、話しかけても背中を向けて無言のま

182　第11章　文化的差異と異文化コミュニケーション

まなら、会話を拒絶するように感じられるのではないでしょうか。

　実は、これらの非言語メッセージにも文化に応じた違いがあると指摘されています。体の動きで何かを表すジェスチャーはその代表です。しかし、見た目に判りやすいジェスチャーよりも意外と誤解につながりやすいのは、ごく小さな体の動きでしょう。たとえば、欧米の留学生が授業に集中しているときは、真っ直ぐに教師の眼を見つめますが、反抗しているわけではありません。彼らの視線は、真面目さの表れなのです。また、日本人は会話中のあいづちが多いことでも知られますが、日本語のあいづちには自分の理解を示して会話を進める機能があります。そのため、日本人がさほどあいづちを打たない文化の人びとと話すと、発話を続けてもいいのか戸惑うことがあります。

　非言語メッセージも、異文化接触場面においては日本人相手の時と同じという前提で解釈しないことが誤解の防止につながります。

■身体的な接触や空間的距離に対する感覚の違い

　父親の仕事の都合で、小学校低学年のコモリくんは旧チェコスロバキアの首都・プラハへ両親とともに引っ越しました。そこで彼の通ったのが、ソビエト大使館付属のロシア語学校でした。彼は、ロシア大使館関係者の子どもたちとともに小学校時代を過ごして日本へ帰国します。すると、彼は日本の中学校の同級生に「スケベ」「エッチ」と嫌われてしまったのです。

　　ロシア人は、出会った人に親しさを表現するために、男性同士でも、女性同士でも、そして男性と女性であっても、正面から肩を抱き合い、頬にキスしたり、頬を接触させたりします。（中略）そう、私は、友達を増やしたい一心で、少し言葉を交わすようになった男の子にも女の子にも、握手を求め、抱きつき、あまつさえキスをしようとしていたわけです。[13]

13　小森 (2000, p. 26)

3. 非言語メッセージを用いたコミュニケーションと文化的差異　　183

　コモリ少年は、国籍や見た目は日本人ですが、長年ロシア人の子どもたちと過ごすなかで、スラブ文化圏の身体的接触を伴う習慣を身につけてしまったのです。もちろん、いまではハグも昔ほど珍しくはなくなりましたが、当時はまだ外国人の姿も珍しい昭和の高度経済成長期のことです。中学生たちが、身体的な接触に対して強い拒絶反応を見せたことは容易に推測できます。

　コモリくんの体験からもわかるように、身体的な接触を伴うほど、しかも自発的に他者に近づくことは、日本の場合、あまり一般的ではありません。言い方を変えると、そこまで近づくのは特別な関係の人びとといえます。その一方で、日本では近すぎると感じられる距離が、アラブ文化圏では見知らぬ者同士のあいだですら許容されることもあります。文化人類学者のホールは、こうした人間同士の距離の取り方には、文化に応じた違いがあることを見出し、**プロクセミクス**（proxemics：近接学）と名付けて研究を行いました。彼によると、対人距離には、当事者の人間関係やコミュニケーションの目的に応じて、密接距離・個体距離・社会距離・公衆距離の4種類がある上に、それぞれの距離には幅があり、文化に応じて異なるといいます（表11-3参照）。

表11-3　ホールによる対人関係と距離の相関関係[14]

距離区分	特　徴	北米における実測値
密接距離	親密な者同士がとる距離、相手のぬくもり息づかいが感じられる距離	0 〜 0.46m
個体距離	相手が手に届くぐらいの距離。やや小さめの声で個人的な話がなされることが多い	0.46 〜 1.22m
社会距離	一般的な会話が行われる距離。普通あるいはやや大きめの声で話がなされるが多い	1.22 〜 3.66m
公衆距離	ビジネスやより正式な場でとられる距離。大きな声で話されることが多い	3.66m 以上

14　池田・クレーマー（2000, p. 71）

第 11 章　文化的差異と異文化コミュニケーション

　さらに、コモリくんの不幸な体験を見てもわかるように、身体接触そのものにも、文化に応じた違いがあります。たとえば、会話における自己開示の研究で紹介したバーンランドは、身体接触における日米比較も行っています。彼の研究によると、日本はアメリカよりも明らかに身体接触の度合いが低いそうです（図 11-5 参照）。

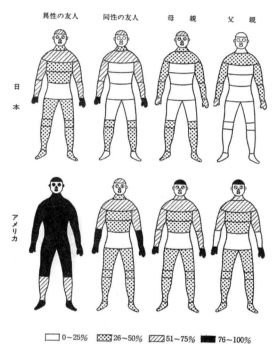

図 11-5　身体的接触の日米比較 [15]

　とはいえ、こうした身体接触や対人距離における文化的な違いは、個人差や場面状況に左右されやすく、同じ国でも大都会と農村地帯では事情が異なる場合もあります。一連の研究結果は、あくまで一般論の、お

15　バーンランド (1979, p. 105)

おまかな傾向を示すものとして理解するのが適切といえるでしょう。

4. コミュニケーションの基本モデルと異文化接触

　ここまで、日常的な会話場面で私たちの意思を伝える働きを持つ手段・媒体を、言語が関わる言語コミュニケーションと、それ以外の主に声や身体が関わる非言語コミュニケーションに大きく分けて確認し、その上で、それぞれの手段・媒体には文化的差異があることを見てきました。

　では、これらを用いてどのように私たちのコミュニケーションは形成されているのでしょうか。図11-6は、私たちのコミュニケーションの様子を表した一般的なモデルです。

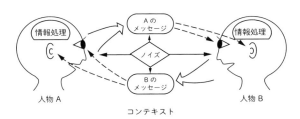

図11-6　対人コミュニケーションのモデル[16]

　この図からもわかるように、私たちは相手の発した言語・非言語いずれかの**メッセージ**（message）を受け取ると、頭のなかではその意味を解釈する情報処理が行われ、それを踏まえて私たちは次のメッセージを発します。そして、その場面には必ず**コンテキスト**があり、ノイズと呼ばれるコミュニケーションの障害要素も、多かれ少なかれあります。ノイズとは、石井敏らによると本物の「騒音」の時もありますが、会話する人の生理的・心理的問題も含むといいます。確かに、体調が悪くて話がよく理解

16　石井・久米・遠山・平井・松本・御堂岡（1997, p. 4）

できないことや、落ち込んでいて何を言われても耳に入ってこないこと
もあるでしょう。

　同じ文化に属する人間同士なら、メッセージの伝え方と解釈の部分
で、互いの経験が共有されています。たとえば、多くの日本人は飲み会
に誘われたときに「その日はちょっと…」と言えば大抵、断れると考え
ます。その場合、誘う側も相手の意図を「行きたくない」と解釈して、
さらに誘うことはあまりありません。しかし、異文化間コミュニケー
ションの場合は、メッセージの伝え手と受け手の認識が異なるため、伝
えたはずのメッセージが意図と異なって解釈される事態が発生します。
先ほどの飲み会の例で言えば、「じゃ、いつなら行ける？」と再び質問
されるかもしれません。

　さらに、非言語メッセージによるコミュニケーションでも、異文化接
触では誤解につながることがあります。上司の提案に沈黙する日本人社
員とデンマーク人重役の例や、スラブ文化圏の身体的接触習慣を日本に
持ち帰ってしまったコモリくんの例を思い出してください。いずれも、
メッセージの発信側とそれを受けて解釈する側の認識が一致しなかった
ために発生した行き違いです。自分の生まれ育った社会における当たり
前が、当たり前にならないのが異文化接触でのコミュニケーションとい
えるかもしれません。

■確認問題

　以下の文章の空欄ア〜エに適当なキーワードを書きましょう。

　私たちが誰かと会話するとき、さまざまな手段で意志を伝え合ってい
ます。言葉を使った（ア）メッセージの他に、声の高低や強弱などの
（イ）言語を含む（ウ）メッセージでも私たちは情報のやりとりをしてい
ます。また、日本語による会話は、明確に言葉で表現せず、その場の文
脈に依存して遠回しに情報を伝える傾向が強く、日本文化は（エ）コン
テクスト文化の代表といわれています。

確認問題・ポストタスク・読書案内・参考文献　　187

■ポストタスク

「日本人の話は曖昧すぎて何が言いたいのかわからない！」と嘆く留学生がいます。あなたが日本語教師なら、その留学生にどのような指導をしますか。

■さらに知りたい人のための読書案内

①パルバース ロジャー（2014）『驚くべき日本語』早川敦子（訳）　集英社インターナショナル.

☞アメリカ出身の作家・劇作家で、英語・ロシア語・ポーランド語・日本語の4ヶ国語のマルチリンガルによる日本語論です。彼によると、「日本語は曖昧でも難しい言語でもない」そうです。

②アイエンガー シーナ（2010）『選択の科学』櫻井祐子（訳）　文藝春秋.

☞インドのシーク教徒の家庭に生まれた筆者は、宗教や慣習によって人生のすべてが決められた両親とは対照的に、自由な選択が当たり前の米国で教育を受けて「選択」の研究者になりました。選択と文化の関係を考えます。

■参考文献

池田理知子・クレーマー エリック M.（2000）『異文化コミュニケーション・入門』有斐閣.

石井敏・久米昭元・遠山淳・平井一弘・松本茂・御堂岡潔（1997）『異文化コミュニケーション・ハンドブック―基礎知識から応用・実践まで―』有斐閣.

小森陽一（2000）『小森陽一、ニホン語に出会う』大修館書店.

バーンランド D. C.（1979）『日本人の表現構造―公的自己と私的自己・アメリカ人との比較―』（新版）西山千・佐野雅子（訳）　サイマル出版会.

西原鈴子（1990）「日英対照修辞法」『日本語教育』72，25-41.

水谷信子（1993）「「共話」から「対話」へ」『日本語学』12（4），4-10.

八島智子・久保田真弓（2012）『異文化コミュニケーション論―グローバル・マインドとローカル・アフェクト―』松柏社.

メイヤー エリン（2015）『異文化理解力―相手と自分の真意がわかるビジネスパー

ソン必須の教養―』樋口武志・田岡恵（訳）　英治出版.

Kaplan, R. B. (1966) Cultural thought patterns in intercultural education, *Language Learning, 16,* 1-20.

Rottier, B., Ripmeester, N., & Bush, A. (2011). Separated by a common translation? How the British and the Dutch communicate. *Pediatric Pulmonology, 46*(4), 409-411.

Ronald, S. & Suzanne, W. S. (1995) *Intercultural communication: A discourse approach.* Oxford, UK: Blackwell.

Samovar, L. A. & Porter, R. E. (1991) *Intercultural communication: A reader.* Belmont, CA: Wadsworth.

第12章

異文化摩擦を緩和する異文化トレーニング

初対面でも出身地を聞くとすぐにイメージが浮かぶのはなぜ?

■プレタスク1

　初対面の自己紹介のときに、留学生のジエゴさんが自分はブラジル出身だと言いました。これに続いて、あなたは彼にどんなことを話しかけますか?

■プレタスク2

　友人から、「大阪出身でO型の同級生がいるけど会ってみる?」と言われました。あなたはいま、どんな人物像を思い浮かべましたか?

1.　異文化摩擦を引き起こすもの

　前章では、異文化接触で発生する摩擦の原因を指摘しました。それは、生まれ育った文化が異なれば個人の日常行動や考え方は違うはずなのに、私たちはうっかりそれを忘れて、世界中の誰もが自分と同じという前提で考えてしまいがち、という点です。

　しかし、他にも異文化摩擦を引き起こすものはあります。その代表が、**ステレオタイプ**(stereotype)です。ステレオタイプとは、なんらかの特徴を持つ特定の集団に対して形成されるイメージのことを指します。なかでも、文化や民族に対して形成されるステレオタイプは広く世界に存在し、私たちの日常的なコミュニケーションに大きな影響を与え

ています。

■ステレオタイプと私たちの日常生活

　そもそもステレオタイプとは、新聞社が輪転機にかけた印刷用の鉛版のことを指し、同じ紙面を何枚も印刷するために使われていました。そこで、その印刷の様子と同じように、私たちの脳裏で、特定の集団に属する人びとに対して浮かぶ固定化されたイメージをステレオタイプと呼ぶようになりました。日本人は真面目、ブラジル人はサッカーが上手、ドイツ人はビール好き等、国籍や地域に関わるステレオタイプはよく知られています。他にも、弁護士・客室乗務員・銀行員など職業に対するステレオタイプや、団塊世代・バブル世代・ゆとり世代など世代集団に関わるステレオタイプもあります。その他、日本各地の出身者のイメージや、血液型や星座など、私たちの身近なところにステレオタイプのイメージは数多くあります。

　ところが、これらのイメージは、個人的に親交があり、頻繁に語り合って人柄をよく知る相手に対して働くことはあまりありません。反対に、その人に関する情報が極端に少ない初対面の相手や、テレビなどメディア経由で間接的に知る相手には、ステレオタイプのイメージが働きやすくなります。これは一体なぜなのでしょうか。

■ステレオタイプが発生する仕組み

　関西出身という理由で笑いを期待されて困る関西生まれの人はいませんか。確かに、関西出身者にお笑い芸人のような話術を期待する人はいるかもしれません。しかし実際には、口下手な人や笑いと無縁の堅い人もいるはずです。このように、ステレオタイプのイメージは、ある集団の人びと全員に必ず共通するわけではありません。ときには、そこから外れた人が、特定のイメージを押しつけられて困ったり、不愉快になったりすることもあります。

　すると、ステレオタイプは悪者のような気がしますが、そんなに悪い

ものなら、なぜ無くせないのでしょうか。それは、ステレオタイプが、私たちの脳の、カテゴリー化という情報処理の働きと密接に関わっているからです。

あまり意識されることはありませんが、私たちの五感には膨大な情報が届いています。音・事物・色彩・温度など実に多様で豊富な情報です。それらは、私たちの体には届いているけれども、脳がすべてを認識しているわけではありません。というのも、それらの膨大な情報のなかにはいますぐ必要のない情報もたくさん含まれているからです。仮に、私たちに届いたすべての情報を丁寧に処理するなら、重いデータ処理を強いられたパソコン同様、私たちの脳にもエラーが出たり、情報処理に長い時間がかかったりしかねません。

そこで、無駄を省き、情報処理のスピードアップを図るために、脳のなかでは**選択的知覚**（selective cognitive process）と**カテゴリー化**（categorization）と呼ばれる動きが起きます。そして、選択的知覚とは、「情報過多を避けるために個人が行っている情報の取捨選択」[1] です。石井敏らによると、私たちは自分にとって都合のいい情報だけを無意識に取り込むのだそうです。そして、そのように選択的に取り込んだ情報に対して行われるのが、カテゴリー化です。パソコンのファイルの仕組みを思い出してもわかるように、大きく分類すれば、そこで情報処理を終了できることはあります。ぶらぶらと街を歩いているときに、向こうからやってくる物体が「車」というカテゴリーに入るものだと認識できたら、私たちの街歩きには支障ないでしょう。わざわざその「車」のメーカー・車種・年式・デザイン・排気量まで細かく分析して分類する必要性は、ひき逃げ事件の目撃者のように特殊な場合を除けば、滅多にありません。このように、大まかな分類で情報処理が済めば、処理自体の効率はアップし、対象は瞬時に把握できます。その効率優先の情報処理で、副産物として発生するのがステレオタイプなのです。

---

1 石井・久米・長谷川・桜木・石黒 (2013)

192　第 12 章　異文化摩擦を緩和する異文化トレーニング

　大きなカテゴリーのレベルで情報処理をすると、そこに付与された目立つ特徴が強く認識され、個別の細かな情報には意識が届かなくなります。情報が少ない初対面の相手ほど、ステレオタイプのイメージが活発に働いて相手もその特徴を有すると思いがちなのはこのためです。しかし反対に、身近で相手をよく知る人の場合は、細かな情報をすでに持っているため、大まかなカテゴリーによる情報に頼る必要がありません。その結果、ステレオタイプによるイメージが活発に動きにくくなるのです。

　そもそも、認識の対象が路上をすれ違う車であれば大きな問題にはなりませんが、コミュニケーションを交わす相手にステレオタイプイメージに基づいた発言をすると、人間関係にマイナスの影響を与えることもあります。

■ステレオタイプと偏見・差別

　ステレオタイプのうち、異文化接触で特に問題となるのが、人種や民族に基づいた**偏見**（prejudice）や**差別**（discrimination）です。これらも元はステレオタイプなのですが、否定的な評価・感情が加わると、偏見や差別になります。たとえば、「ブラジル人はサッカーが上手い」といったら一般的なステレオタイプですが「○○人はずる賢い」というのは偏見です。

　偏見は態度の問題ですが、差別は具体的な行動であるため、人種差別のような深刻な事態を招くこともあります。ナチスドイツのユダヤ人への迫害はその典型です。アフリカの公民権運動も、当時の米国社会にアフリカ系アメリカ人への差別が色濃く存在していたことを背景に起きました。最近では、日本国内でも在日韓国・朝鮮人に対する差別発言を公道上で叫ぶヘイトスピーチが物議を醸しています。偏見や差別は、日本にとっても他人ごとではありません。

2. 異文化摩擦を緩和するために
■ステレオタイプ変容のための協働

　前述したとおり、ステレオタイプの発生は私たちには止められません。すると、ステレオタイプの働きを弱める方法はないのでしょうか。情報が少ない故にステレオタイプが活性化されるなら、相手をよく知ればステレオタイプは薄らぐように思えます。しかし、事はそう単純ではなく、上瀬由美子[2]によると、ステレオタイプを抱く相手との単純な接触や偶然の出会いは、ステレオタイプや偏見を一層強めてしまう危険性があるそうです。

　では、どのような接触がステレオタイプを変えるのに有効なのでしょうか。「両者が平等な立場で協同活動をすること、そしてその活動を強く支持するような制度や体制が重要」だと上瀬は説明し、以下四つの特徴を持った協同（協働）学習を提案しています[3]。

① 小集団で協同的に相互依存させる
② 生徒間の相互作用を頻繁にする
③ 地位を対等にする
④ （教師が運営して）制度的支持を受けていることを意識させる

　最後の④は、協同（協働）学習が、学校による公式の取り組みであると生徒たちが認識できるように取り組む、という意味です。協同（協働）学習は近年、日本語教育の分野でもピア・リーディングやピア・レスポンスなどの教育実践で知られるようになりました。前者は読解、後者は作文が対象で、従来、学習者が個人で行っていた学習活動を、2人以上で取り組む点に特徴があります。これらの協同（協働）学習では、メンバーが対等な立場で対話を重ねると、個人では達成できないような創造

2　上瀬 (2002)
3　上瀬 (2002, pp. 124-126)

194　第12章　異文化摩擦を緩和する異文化トレーニング

的な成果が現れるといわれています[4]。というのも、協同（協働）学習では、共通の目標に向かって仲間と積極的に関わることが、チーム全体の優れた成果につながるからです。したがって、そのような活動では「相手をカテゴリーからではなく個々の事例に対応する一人の人として見なす情報処理が行われやすい」[5]ため、お互いのステレオタイプが薄まっていくと考えられます。

■即断即決をせず判断留保へ

　ステレオタイプが効率化の副産物であることからもわかるように、どんな情報も次々と処理していくのが私たちの脳の働きです。しかし、異文化接触場面においては、急いで処理しないことが摩擦の回避や軽減につながることもあります。たとえば、文化の違う人びととの接触で予想外の行動に直面したとき、無意識のうちに彼らを自分と同じ文化の人びとと同じと考え、過去の経験や価値観に基づいて即座に「最低だ」「常識はずれだ」と判断したらどうなるでしょうか。

　第11章で説明した通り、コミュニケーションには文化に応じたさまざまな違いが存在します。その事実を忘れ、異文化間コミュニケーションにも関わらず、自分の経験や価値観で一方的に評価・判断を下したら、無用なトラブルを招きかねません。そのため、異文化接触では、結論を急がないことが摩擦の回避・軽減に有効といわれています。このように即断即決をしない態度を、**判断留保**（judgment reserve）といいます。

　判断を先延ばしすれば、なぜその行動をしたのかを相手の立場で検討し、事態の推移を冷静に見守る余裕も生まれるでしょう。異文化接触においては、単一の視点で、それも瞬時に物事を判断しないことが肝要です。

4　池田・舘岡（2007）

5　上瀬（2002, p. 136）

■メディアとステレオタイプ

　情報通信技術の飛躍的な発達により、私たちは日々溢れるほどの情報とともに暮らしています。しかし、そのなかには根拠のない情報や、一部を過度に強調したものがあることも確かです。ステレオタイプのなかには、こうしたメディアの影響によって形成されるものも少なくありません。

　ゲイと呼ばれる性的少数派の人びとを例に考えてみましょう。この場合、日本に暮らす多くの人が思い浮かべるのは、テレビ番組に頻繁に登場する「オネエ」タレントではないでしょうか。ところが、この人びととゲイは必ずしもイコールではありません。それでも、多くの人びとがオネエ系を思い浮かべてしまうのは、メディアの情報によって形成された特定のステレオタイプが人びとのあいだに広く定着しているからといえます。

　実際の LGBT（レズビアン Lesbian・ゲイ Gay・バイセクシャル Bisexual・トランスジェンダー Transgender）と呼ばれる性的少数派の人びとは実に多様で、身体・心・恋愛対象という三つの観点で分けても 12 通りもあります。また、実際には各区分の中間に相当する人たちや、その区分に入らない人もいるため、性的少数派としてひとくくりにはできないことが判ります。さらに、電通ダイバーシティ・ラボの「LGBT 調査 2015」によれば、日本国内の LGBT の割合は 7.6% という結果が出たそうです。つまり、100 人の日本人がいたら、そこには 7〜8 人の性的少数派の人びとがいる計算になります。テレビで見るオネエのような目立つ存在が、性的少数派のすべてではないのです（図 12-1 参照）。

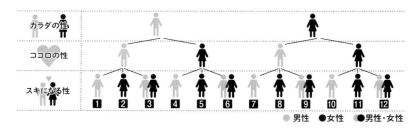

図12-1　セクシュアリティマップ[6]

　この例からもわかる通り、メディアの膨大な情報に接しても、状況を客観的に分析して事実を正しく把握するのは、決して容易ではありません。それでも、メディアを盲信せず、情報を多角的に見ようとすることで、ステレオタイプに満ちた、根拠のない情報に影響されずに済むことはあります。

　インターネットの普及のおかげで、社会に流通する情報は飛躍的に増えました。しかしその反面、誤った情報がウェブ上で次々と拡散され、独り歩きすることも珍しくありません。東日本大地震の折に広まった、石油コンビナート火災発生のデマは記憶にも新しいところです。ステレオタイプに限らず、メディアの情報を吟味する私たち一人ひとりの能力が問われています。

3. 多角的な視点を獲得するために

　異文化接触で発生した出来事を判断するとき、自分の経験や価値観によって一方的に評価することが摩擦に発展しやすいことは述べました。私たちがこれまでに身につけた価値観や文化規範は、世界中の人びとに共通する唯一絶対のものではありません。実際には、多様な習慣と考え方があり、それによって同じ出来事であっても、解釈や評価が分かれることはあります。

6　http://www.dentsu.co.jp/news/release/2015/0423-004032.html をもとに作成

そのため、異文化接触において、自分とは異なる視点・立場で物事を理解できることが、相互理解のためには重要となります。そのような姿勢を身につけるためのトレーニングの一つが、DIE 法です。DIE とは、Description（記述・描写）・Interpretation（解釈）・Evaluation（評価）の頭文字をとった略語です。

一般に、異文化接触場面で不慣れな状況に出会ったり、他者の言動に違和感を覚えたりすると、私たちは過去の自分の経験に照らして解釈し、しかもすぐに良し悪しの評価に結びつけてしまう傾向があります。もしこのとき、評価は急がずに、まずは事実描写を先に行って、それらを複数の立場から解釈し、最後に評価を行うという順番を取ることができたらどうでしょうか。DIE の枠組みを用い、この順番で目の前の出来事を分析できるようになれば、多角的な視点と判断を急がない姿勢が身につくといわれています[7]。

表 12-1（次ページ）は、キムさんという留学生と日本人学生さなえさんとのあいだの、学生寮でのやりとりを DIE 法で分析したものです。2 人は、ルームメイトとして共通の冷蔵庫を使っていましたが、そこに保存している食品の所有と消費をめぐって全く異なる認識と評価を示しています。同じ出来事でも個々の視点で検証すると、両者の解釈と評価に大きなギャップのあることがわかります。

7　八島・久保田（2012）

198 第12章 異文化摩擦を緩和する異文化トレーニング

表12-1 DIE法を用いた分析例[8]

キムさんの視点での評価 (Evaluation)	キムさんの解釈 (Interpretation)	事実の描写 (Description)	さなえさんの解釈 (Interpretation)	さなえさんの視点での評価 (Evaluation)
(この時点ではこれといった評価はない)	あまり日本人について詳しくない。	日本人と韓国人の留学生同士が学生寮で二人部屋の同室になる。	韓国人のことはよく分からない。	(この時点ではこれといった評価はない)
飲食物の所有関係を明確にすることは重要ではない。冷蔵庫の中のものを共有することは良いことである。	中の飲食物は個人の所有物である。しかし、貴重品と違い分けあってもよい。	共同の冷蔵庫にそれぞれ自分の買ったものを入れておく。	冷蔵庫は共有でも中の飲食物は個人個人の所有物である。きちんと区別しておきたい。	所有関係を明確にすることは友情にひびを入れないためにも大切である。
飲食物を多少共有することは友情を育むためにも良いことである。	さなえさんとの距離を無くすため、親しみを表すために、意識的にさなえさんのものを飲んだ。	キムさんは、時々さなえさんの牛乳などを飲む。	キムさんは他人のものと自分のものを区別しないところがある。	どういう家庭教育を受けてきたのか？人のものに無断で手を付けるとは非常識、犯罪である。
さなえさんは少しよそよそしい。	私とあまり親しくなりたくないかもしれない。	さなえさんは自分のものしか飲まない。	自他のものははっきり区別したいので、キムさんのものは飲まない。	自他の所有物を区別し、他人のものに手を付けないことは人間の基本的なルールである。
やはり日本人は韓国人に偏見があるのだろうか。	理由はよく分からないが何だかさなえさんと気まずくなってしまった。	さなえさんはキムさんの行動に対し反感を抱きながらも何も言わなかった。	苦情を言うと関係が悪くなるかもしれないので言えない。今学期だけ我慢しよう。	忍耐は良いことである。事を荒立てるのは良くないので、自分のしていることは正しい。

　では、このサンプルを踏まえ、外国人社員とその同期社員のあいだで発生した異文化摩擦のエピソードを素材として、実際にみなさんも登場

8　八代・町・小池・吉田 (2009, p. 255)

3. 多角的な視点を獲得するために　　199

人物（中国人女性・同期の日本人）の立場で、各人のＤ・Ｉ・Ｅを考え
てみましょう。

《居酒屋で反対意見を述べて以来、同期の仲間とギクシャクしています》
（中国人・20 代女性・留学後日本で内定）

　中国内陸部出身。地元の大学では理工系を専攻し、大学院への進学で
初めて日本に来ました。日本での就職を希望し、高い倍率を勝ち抜き、
大手メーカーに内定をもらいました。この会社は中国でも有名なので、
就職できたことに、故郷の家族もとても喜んでくれました。内定式に参
加してわかったことは、次年度入社予定の内定者は約 80 人で、外国人
は私の他に中国人、韓国人が数名いる程度だということです。日本中の
大学から「選ばれし者」とも言える、いかにも優秀そうな学生が集まっ
ています。このような同期入社となる人たちの顔を見て、「よし日本人
に負けないように頑張って仕事するぞ！」と思いを新たにしていまし
た。
　そのような喜びもつかの間、事件は内定式後の二次会の居酒屋で起こ
りました。そこで日本人の傾向を発見しました。例えば、食べ物につい
て、だれかが「刺身はおいしくて好き」と言うと、周りに座っている他
の日本人も「そうだよね。刺身おいしいよね」と言い首を縦に振ってい
るのです。私は中国内陸部出身なので刺身を食べる習慣はなく、おいし
いとは思わないので「刺身は嫌いです。むしろ麻婆豆腐のほうがおいし
いですよ」と言いました。すると、なぜか皆ニコニコしたまま私から目
をそらしていました。中国でもよく知られている人気アイドルグループ
の話になった時も、同じように誰か一人が「やっぱり〇〇がいいよね」
というと、周りにいた人たちも同様に頷いて「そうだよねー。やっぱり
いいよね」と言っていました。正直に言うと自分はタイプではないので
「私は好きではありません。その理由は〜ですから」と理由を明確に、
誤解を生まないように順序よく話をしました。すると、また皆にこにこ
したまま、私から静かに目をそらしていました。自分ではできるだけ自

分自身の考えを正直に話し早く皆と打ち解けて仲間になりたいと思っていたのですが。

　居酒屋でのやりとりはその程度でしたが、しばらくすると周りの様子がよそよそしいことに気がつきました。内定者懇親会で一緒だった他のメンバー同士は個別に連絡を取りあい Facebook でやりとりするなど連絡網を作っていたようですが、私には全く連絡がなかったのです！ようやくここで、私は同期入社となる内定者たちから距離を置かれていることに気付きました。「やはり私は外国人だからか…」と思いましたが、内定者懇親会に来ていた、日本での留学経験の長い中国人や韓国人はどうやら自然に打ち解けているようで、連絡網にも入っていました。

　そういえば日本ではどんな場面でも「すみません」「ごめんなさい」をすぐいいますね。一緒に仕事する同期は、「友人」だと思うのですが、日本人からすると「単なる職場の同僚」なのでしょうか。どうやら入社する前に、同期の仲間たちとギクシャクしてしまっているようです。日本人との距離感に悩みます。中国では「お互いのことは黙っていてもわからない、あえて意見をぶつけ合ってすぐ友達になる」ということが一般的ですが日本では逆に、衝突を避け時間をかけて友人になっていくのでしょうか。

（小平達也（2013）『外国人社員の証言・日本の会社 40 の弱点』文春新書, pp. 48-51 より）

表 12-2　中国人女性社員と同期の視点を書くための DIE シートの例

中国人女性の視点での評価 Evaluation	中国人女性の視点での解釈 Interpretation	事実の描写 Description	日本人同期の視点での解釈 Interpretation	日本人同期の視点での評価 Evaluation

このエピソードは、中国人社員の立場で書かれていますので、日本人の読者のみなさんにも、彼女の心情や考え方が理解しやすく DIE シート（表 12-2）への記入も可能ではないかと思います。しかし、実際に自分が失敗した異文化接触場面を思い出して DIE 法で分析をしようとしても、文化の異なる相手の立場での解釈・評価が難しいこともあります。そもそも、相手の考えが理解できないからこそ失敗したのです。そこで、八代京子ら[9]も指摘するように、DIE 法で異文化接触の相手方の思考を理解するには、本人に尋ねる、相手の文化に詳しい人に訊く、自分で調べる等、新たな情報収集のための努力が必要となります。

　そのようなプロセスを経ることで、自分とは異なる文化的背景を持つ人びとについて新たな知識を得ることができます。その人びとの思考や習慣にどこまで共感できるか、そこに程度の差はありそうですが、理論的に検証することで彼らの言動を理解し、受け入れる可能性は広がるでしょう。

　これに対して、積極的に異文化接触を行い、その回数がいくら多くても、常に自分の視点からの、一方的な解釈と評価を行うようなコミュニケーションばかりしているならば、その人の異文化理解は深まっているとはいえません。海外経験が豊富な人ほど異文化理解は深い、と言い切れない理由もここにあります。さらに、たとえ同じ文化内での接触でも、価値観や行動規範の異なる相手とのあいだでコミュニケーションに強い違和感が生じることもあります。異文化接触場面の「異文化」とは、必ずしも国籍・言語・文化が異なる相手のことに限定しているわけではないことに注意しましょう。

　どのような文化的背景を持つ相手でも、一方的かつ硬直した物の見方では相互理解には至りません。多角的で柔軟な視点を持てるよう、日頃から自分の行動を客観的に振り返ることが重要です。

9　八代・町・小池・吉田（2009）

202　第 12 章　異文化摩擦を緩和する異文化トレーニング

■確認問題

　以下の文章の空欄（ア）〜（エ）に適当なキーワードを書きましょう。

　ステレオタイプとは、特定の集団に属する人びとに対して抱く固定化されたイメージのことを指します。職業・地域・世代など多様なステレオタイプがありますが、異文化接触場面では民族や国籍のイメージが活性化します。ステレオタイプは、私たちの脳の情報処理を効率化する、選択的知覚と（ア）化の副産物として生じるため、ステレオタイプの発生は避けることができません。また、ステレオタイプに否定的な感情が加わった態度は（イ）で、具体的な行動を伴うのが（ウ）です。ステレオタイプを無くすことは困難ですが、即断即決をしない（エ）という態度をとることで、無用な誤解や摩擦を軽減することはできるといわれています。

■ポストタスク

　グループで「ケンタのけが」を考えてみましょう。全く同じ事物を見ていても、さまざまな物の見方や評価があることを理解し、受け入れるための体験型トレーニングです。相手の評価結果を聞くだけでは共感できなくても、なぜそのような結果なのか、という理由や背景を聞くと、「なるほど、そういう考え方もあるのか」という発見があり、歩み寄る気持ちが湧きやすくなります。

【進め方】（2 名以上 5 名くらいでグループをつくります）

① 《個人作業》「ケンタのけが」本文を読み、ケンタ以外の 5 人の登場人物の中で、ケンタの大けがに対して最も責任が重い人から、最も責任の軽い人まで、それぞれ理由を考えながら順位を考え、順位の表に 5 人の順位を記入します。

② 《グループ作業》メンバーの順位をおたがいに公開し、一覧表にメンバーごとの順位を記入します。

③ 《グループ作業》グループ全体としての順位をどうつけるか話し

合います。単純な多数決にはせず、納得できるまで話し合いましょう。最後に、グループとしての順位を決めます。

④ 《個人作業》質問項目について、自分なりに考え、振り返ってみましょう。

「ケンタのけが」

3 歳のケンタがけがをした。祖父のノボルと行った公園の滑り台に頭をぶつけて血を流し、救急車で病院に運ばれるほどの大けがだった。いつもは祖母のミツエがケンタの面倒を見ているのだが、彼女は昨日から年に 1 度の同窓会旅行に出かけていた。それで、今日は、家事や子どもの世話の苦手なノボルが、孫を連れて公園へ来ていたのだ。

ノボルは昨年、会社を定年退職した。退職金もあり、時間にも余裕ができたので、趣味の一人旅を楽しんでいる。今日は、前回のエジプト旅行の写真を、公園のベンチに座りノートパソコンを使って、自分のブログにアップすることに夢中になっていた。さきほどまで自分のすぐ近くでケンタは遊んでいたと思ったのに、いつのまにかいなくなり、遠くからケンタの泣き声が聞こえてきたのだ。

ノボルとミツエの息子で、ケンタの父親であるコージは証券会社に勤めていたが、大きな過失がもとでリストラされ失職した。本当は家にいてケンタと遊んでいたいのだが、そうもいかず、毎日職探しのふりをしてパチンコ店で時間を過ごしていた。

コージの妻、ケンタの母親のリカは内科の医者だが、家族よりも仕事を優先するところがある。昨晩は、職場の大学病院の夜間勤務で疲れ切っていた。今日は夜勤明けの休暇だが、ケンタが家にいるとうるさくて眠れない。そこで、義父のノボルにケンタを公園にでも連れて行ってほしいと頼み、リカは自室で眠っていた。

ケンタの祖母のミツエは、本当は同窓会旅行ではなく、年にたった一度しか会えない恋人ムラキとの、デート中だった。ムラキはノボルの学

204 第12章 異文化摩擦を緩和する異文化トレーニング

生時代の同級生で、今は成功した実業家だが、妻は病弱で長期入院中
だ。そしてミツエは、今回、この不倫の関係を断ち切る決心をして、ム
ラキに会っていた。

順位	自分が選んだ順位	
	登場人物〔ノボル、ミツエ、コージ、リカ、ムラキ〕	理由（簡単に）
1位		
2位		
3位		
4位		
5位		

順位	グループのメンバーが選んだ順位				グループで決めた順位
1位					
2位					
3位					
4位					
5位					

【書いてみましょう】
1) あなたの意見と仲間の意見と、大きく違ったのはどこでしたか。
   その理由も書いてください。
2) あなた自身の考え方や価値観について、気がついたことを書いて
   ください。
3) グループの仲間の考え方や価値観について、気がついたことを書
   いてください。

4）話し合いの場面を振り返り、自分の話し方や聞き方について、思ったことを書いてください。

5）話し合いの場面を振り返り、ほかの人の話し方や聞き方について、気がついたことを書いてください。

6）その他、活動全体をつうじて考えたことや気がついたことを書いてください。

（石黒圭（編著）・安部達雄・新城直樹・有田佳代子・植松容子・渋谷実希・志村ゆかり・筒井千絵（著）(2011)『会話の授業を楽しくするコミュニケーションのためのクラス活動40』スリーエーネットワーク　pp. 119-121 より、「進め方」は本書にあわせて修正。ふりがな（ルビ）は削除）

■さらに知りたい人のための読書案内

①赤尾千波 (2015)『アメリカ映画に見る黒人ステレオタイプ―『国民の創生』から『アバター』まで―』梧桐書院.

☞ステレオタイプが私たちの日常生活に浸透していることは本文で取り上げた通りですが、その具体的な事例として、この本ではアメリカ映画に登場する「黒人ステレオタイプ」を検証しています。日本映画でも似たようなステレオタイプの登場する作品はあるでしょうか？

②久米昭元・長谷川典子 (2007)『ケースで学ぶ異文化コミュニケーション―誤解・失敗・すれ違い―』有斐閣.

☞異文化接触でおきる誤解や摩擦のさまざまな事例を素材に、なぜそのようなトラブルが発生するのか、どう対応すべきなのかを考える工夫がされています。友人や家族とともに話し合ってみると、理解がより深まるでしょう。

206　第 12 章　異文化摩擦を緩和する異文化トレーニング

■参考文献

池田玲子・舘岡洋子 (2007)『ピア・ラーニング入門―創造的な学びのデザインのために―』ひつじ書房.

石井敏・久米昭元・長谷川典子・桜木俊行・石黒武人 (2013)『はじめて学ぶ異文化コミュニケーション―多文化共生と平和構築に向けて―』有斐閣.

上瀬由美子 (2001)『ステレオタイプの心理学』サイエンス社.

八島智子・久保田真弓 (2012)『異文化コミュニケーション論―グローバル・マインドとローカル・アフェクト』松柏社.

八代京子・町惠理子・小池浩子・吉田友子 (2009)『異文化トレーニング―ボーダレス社会を生きる― 改訂版』三修社.

索 引

MLAT（Modern Language Aptitude
　　Test）69, 95
PLAB（Pimsleur's Language
　　Aptitude Battery）71
U カーブ（U curve）153
W カーブ（W curve）153

あ
アウトプット（output）73
暗示的（implicit）92

維持リハーサル（maintenance
　　rehearsal）22
異文化適応（intercultural adaptation）
　　10, 152
イマージョン教育（immersion）90
意味（meaning）88
意味記憶（semantic memory）31
意味ネットワーク（semantic
　　network）40
インテイク（intake）73
インプット（input）71, 73
インプット洪水（input flood）92
インプット処理指導（input
　　processing instruction）92

エピソード記憶（episodic memory）
　　31

オーディオ・リンガル・アプローチ

（audio-lingual approach）5
オーディオリンガル・メソッド　72
音韻意識（phonological awareness）74
音韻処理能力（phonological ability）
　　73
音韻的短期記憶（phonological short
　　term memory）74
音韻符号化（phonological coding）76
音韻符号化能力（phonological coding
　　ability）70
音韻ループ（phonological loop）26

か
外発的動機づけ（extrinsic
　　motivation）121
学習ストラテジー（learning
　　strategies）102
カテゴリー化（categorization）191
カルチャー・ショック（culture
　　shock）152
感覚記憶（sensory memory）21
観察の徒弟制（apprenticeship of
　　observation）106

記憶力（memory）73
機能（function）88
帰納的言語学習能力（inductive
　　language learning ability）70
協働学習（collaborative learning）7
共話　174

形式（form）88
形式スキーマ（formal scheme）57
言語適性（language aptitude）69
言語分析能力（language analytic
　　　ability）73, 74
言語メッセージ（verbal message）171
検索（retrieval）20, 75

高コンテクスト文化（high-context
　　　cultures）173
構造シラバス（structure syllabus）90
行動主義心理学（behavioristic
　　　psychology）5
個人差（individual differences）8
コミュニカティブ・アプローチ
　　　（communicative approach）6,
　　　72, 134
コミュニケーション意欲（WTC:
　　　Willingness to Communicate）
　　　142
コンテクスト（context）172, 185

さ
最近接発達領域（ZPD：Zone of
　　　Proximal Development）7
再構築（restructuring）72, 74
差別（discrimination）192

視空間スケッチパッド（visuo-spatial
　　　sketch pad）26
自動化（automatization）29
自文化中心主義（ethnocentrism）159
情意フィルター仮説（affective filter
　　　hypothesis）135

状況モデル（situation model）58
処遇（treatment）86
処理資源（processing resources）27
シンタグマティック（syntagmatic）41
心内辞書、心的辞書（mental lexicon）
　　　36

スキーマ（scheme）56
優れた言語学習者（good language
　　　learner）102
ステレオタイプ（stereotype）12, 189

精緻化推論（elaborative inference）
　　　60
精緻化リハーサル（elaborative
　　　rehearsal）22
宣言的記憶（declarative memory）31
選択的知覚（selective cognitive
　　　process）191

相互作用（interaction）86

た
第二言語習得（second language
　　　acquisition）6
第二言語の義務自己（ought-to L2
　　　self）123
第二言語の理想自己（ideal L2 self）
　　　123
第二言語不安（second language
　　　anxiety）133
タスク中心の指導（task-based
　　　language teaching）90
短期記憶（short-term memory）21

チャンキング（chunking）24, 75
チャンク（chunk）75
中央制御部（central executive）27
中間言語（interlanguage）72
長期記憶（long-term memory）21
直接法（direct method）140
貯蔵（storage）20, 75

低コンテクスト文化（low-context
　　cultures）173
訂正フィードバック（corrective
　　feedback）93
テキストベース（text base）58
適性（aptitude）86
適性処遇交互作用（aptitude
　　treatment interaction）86
適性テスト（language aptitude test）
　　69
手続き的記憶（procedural memory）
　　31

動機づけ（motivation）118
動機づけストラテジー（motivational
　　strategies）126
道具的動機づけ（instrumental
　　motivation）119
統合的動機づけ（integrative
　　motivation）118
トップダウン処理（top-down
　　processing）53
トレードオフ（trade-off）27

な
内省（reflection）107

内発的動機づけ（intrinsic motivation）
　　121
内容スキーマ（content scheme）57
内容中心の指導（content-based
　　instruction）90
ナチュラル・アプローチ（natural
　　approach）136

日常言語能力（BICS：Basic
　　Interpersonal Communicative
　　Skill）166
日本語習得適性テスト　71
認知学習言語能力（CALP：Cognitive
　　Academic Language
　　Proficiency）166
認知心理学（cognitive psychology）6

は
橋渡し推論（bridging inference）60
パラ言語（paralanguage）181
パラディグマティック
　　（paradigmatic）41
判断留保（judgment reserve）194

非言語メッセージ（nonverbal
　　message）171
表象（representation）58
表層形式（surface form）58
ビリーフ（beliefs）102

フォーカス・オン・フォーム（Focus
　　on Form）88
フォーカス・オン・フォームズ
　　（Focus on FormS）88

フォーカス・オン・ミーニング
　　（Focus on Meaning）88
符号化（encoding）20
付随的学習（incidental learning）92,
　　95
プロクセミクス（proxemics）183
文化相対主義（cultural relativism）
　　159
文化変容ストラテジー（acculturation
　　strategy）157
文法的敏感性（grammatical
　　sensitivity）70
文法訳読法（grammar-translation
　　method）134
文脈（context）172

偏見（prejudice）192

ボトムアップ処理（bottom-up
　　processing）53

ま
マッピング（mapping）89

無動機（amotivation）121

明示的（explicit）92
メッセージ（message）185
メンタルレキシコン（mental lexicon）
　　36

目標言語（target language）68

ら
リーディングスパンテスト（reading
　　span test）28
リエントリー・ショック（reentry
　　shock）153
リキャスト（recast）92, 96
リスニングスパンテスト（listening
　　span test）28
リハーサル（rehearsal）22, 79

連合記憶（associative memory）70

わ
ワーキングメモリ（working memory）
　　25

211

各章の確認問題・第5章のプレタスクの解答

第1章
　（ア）認知心理　（イ）個人差　（ウ）異文化適応　（エ）ステレオタイプ

第2章
　(1) リハーサル
　(2) 形態的処理、音韻的処理、意味的処理
　(3) a エピソード記憶　b 意味記憶　c 手続き的記憶
　(4) 短期記憶の機能は情報の保持のみでシステムのイメージは一つの箱です。
　　　一方、ワーキングメモリの機能は保持だけでなく処理も含み、システム
　　　のイメージは複数の概念が組合わさったものです。

第3章
　(1) ○　(2) ×　(3) ×　(4) ○　(5) ×

第4章
　(1) ボトムアップ処理とトップダウン処理です。ボトムアップ処理は、文
　　　字、単語、句など小さな単位の言語情報の処理に始まり、段階的に大
　　　きな単位の処理へ進み、全体を統合して理解するものです。トップダ
　　　ウン処理は、既有知識や推論などを使って文章全体の整合性や一貫性
　　　が保てるように理解しようと考えてから、句や単語などの小さな単位
　　　へ向かって理解するものです。
　(2) スキーマとは、その人の過去の経験や知識が構造化されたものを指し
　　　ます。
　(3) 橋渡し推論と精緻化推論があります。橋渡し推論は、前後の表現や前
　　　後の文の一貫性が保たれるように間をつなぐ推論です。精緻化推論は
　　　文章をより詳しく理解するために行う推論です。

第5章
　(1) ×　(2) ○　(3) ×　(4) ×　(5) ○　(6) ×　(7) ○　(8) ○　(9) ×

212

プレタスク (1) c　(2) a　(3) a

第6章

(1) ×　(2) ×　(3) ○　(4) ○　(5) ×　(6) ○　(7) ×　(8) ○　(9) ○　(10) ×

第7章

(ア) 学習ストラテジー　(イ) 外国語学習の経験
(ウ) (エ) 教員養成課程で受けたトレーニング、指導経験
　　　　(順番が入れ替わっても可)
(オ) (カ) 授業観察、授業日誌、他の教師との話し合い
　　　　(これらのどの回答でも可)

第8章

(ア) 統合的動機づけ　(イ) 道具的動機づけ　(ウ) 内発的動機づけ
(エ) 外発的動機づけ　(オ) 動機づけストラテジー
(カ) 第二言語の理想自己

第9章

(ア) 文法訳読法　(イ) コミュニカティブ・アプローチ
(ウ) 情意フィルター　(エ) ナチュラル・アプローチ　(オ) 直接法

第10章

(ア) カルチャー・ショック　(イ) U カーブ
(ウ) リエントリー・ショック　(エ) W カーブ

第11章

(ア) 言語　(イ) パラ　(ウ) 非言語　(エ) 高

第12章

(ア) カテゴリー　(イ) 偏見　(ウ) 差別　(エ) 判断留保

【著　者】

小林 明子(こばやし あきこ)　第1・7・8・9章
広島大学大学院教育学研究科博士課程後期修了。博士(教育学)。
現在、立命館大学文学部准教授。著書に、『第二言語学習の心理─個人差研究からのアプローチ─』(編著、くろしお出版)、『超基礎・第二言語習得研究』(共著、くろしお出版)などがある。

福田 倫子(ふくだ みちこ)　第2・3・4章
広島大学大学院教育学研究科博士課程後期修了。博士(教育学)。
現在、文教大学文学部教授。著書に『第二言語学習の心理─個人差研究からのアプローチ─』(編著、くろしお出版)、『新・日本語教育を学ぶ─なぜ、なにを、どう教えるか─』(共著、三修社)などがある。

向山 陽子(むこうやま ようこ)　第5・6章
お茶の水女子大学大学院人間文化研究科単位取得後退学。博士(人文科学)。
元 武蔵野大学大学院言語文化研究科教授。著書に、『第二言語習得における言語適性の役割』(単著、ココ出版)、『第二言語としての日本語習得研究の展望─二言語から多言語へ─』(共著、ココ出版)などがある。第二言語習得研究会第4回佐々木嘉則賞受賞。

鈴木 伸子(すずき のぶこ)　第10・11・12章
お茶の水女子大学大学院人間文化研究科単位取得満期退学。博士(人文科学)。
現在、同志社大学グローバル・コミュニケーション学部教授。著書に、『日本企業に入社した外国人社員の葛藤─日本型雇用システムへの適応とキャリア形成の実際─』(単著、ココ出版)、『ベーシック日本語教育』(共著、ひつじ書房)などがある。

日本語 教 育に役立つ心理学 入 門
NDC141／ x+213p ／21cm

初版第 1 刷 ———2018年 1 月 5 日

　　第 4 刷 ———2025年 1 月 5 日

著　者 ————— © 小林明子・福田倫子・向山陽子・鈴木伸子

発行人 ————— 岡野 秀夫

発行所 ————— 株式会社 くろしお出版

　　　　　　　〒102-0084　東京都千代田区二番町4-3
　　　　　　　［電話］03-6261-2867　［URL］www.9640.jp

印刷・製本　三秀舎　装　丁　折原カズヒロ

Printed in Japan

ISBN978-4-87424-753-2　C1081

乱丁・落丁はお取りかえいたします．本書の無断転載・複製を禁じます．